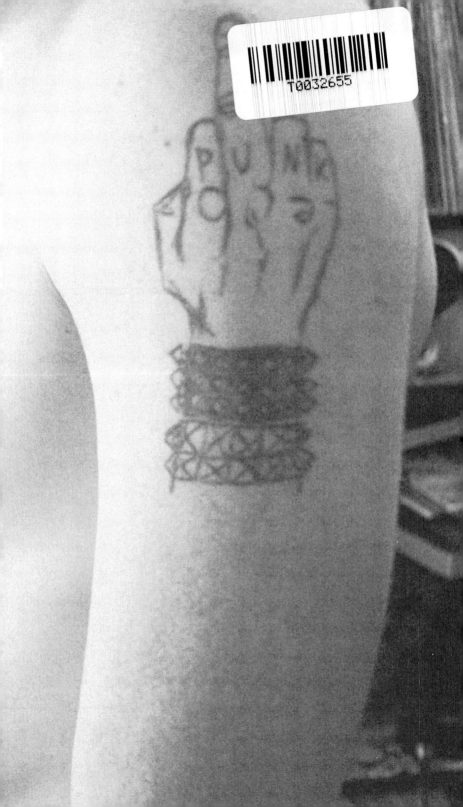

QUEERCORE

EC

EDITORIAL CÁNTICO
COLECCIÓN LOS JUNCOS SALVAJES
DIRIGIDA POR RAÚL ALONSO Y MANUEL MATA

cantico.es · @canticoed

© Yony Leyser, 2023
© Editorial Almuzara S. L., 2023
Editorial Cántico
Parque Logístico de Córdoba
Carretera de Palma del Río, km. 4
14005 Córdoba
© Fotografía de autor: Kerem Bakir, 2023
© Traducción: Manuel Mata, 2023
© Imagen de cubierta: Daniel Nicoletta, 2023
© Fotografías de la cubierta interior: Yony Leyser, 2023

ISBN: 978-84-19387-43-1
Depósito legal: CO 534-2023

Impresión y encuadernación:
Imprenta Luque S.L.

YONY LEYSER

QUEERCORE

CÓMO PUNKEAR UNA REVOLUCIÓN

TRADUCCIÓN DE MANUEL MATA

EDITORIAL CÁNTICO

COLECCIÓN LOS JUNCOS SALVAJES

SOBRE EL AUTOR

Yony Leyser (Chicago, 1984) es un escritor, director y miembro de la Academia de Cine Europeo.

Su primer largometraje documental fue *William S. Burroughs: A Man Within* (2010). Su primer largometraje de ficción, *Desire Will Set You Free* (2015). En 2017 estrenó *Queercore: How To Punk A Revolution*, un documental centrado en el movimiento queercore que fue aclamado por la crítica y que ve ahora la luz en formato libro. Otros trabajos de Leyser son *W(A)RM HOLES* (2019) y la miniserie *Drag Me to the USA* (2022). Sus próximos proyectos, centrados como todas sus obras en la comunidad queer, llevan como título *The Fourth Generation* y *Chokehole: Drag Wresters do Deutschland*.

En conjunto, la obra de Leyser se ha proyectado en más de 150 instituciones y festivales de todo el mundo. Leyser ha recibido grandes críticas en medios como The Guardian, The New York Times, Wall Street Journal, Vice, The LA Times y muchos más. Asimismo, ha trabajado con numerosos iconos de la música y el arte, como Nina Hagen, John Waters, Sonic Youth, Iggy Pop, Patti Smith, Amiri Baraka o Peaches.

INTRODUCCIÓN

POR YONY LEYSER

Desarrollé la idea de *Queercore: cómo punkear una revolución* durante una gira con un grupo de artistas queer llamado Sister Spit. Éramos trece maricas amontonados en una furgoneta de gira por Estados Unidos. En cada pueblo, las personas queer nos recibían con los brazos abiertos. Los brazos estaban especialmente abiertos en los pueblos pequeños. Hay algo en vivir en un lugar remoto que te permite construir una comunidad. Hay espacio, tiempo y necesidad. Lo que hicieron los protagonistas de esta película creando el mundo en el que querían vivir fue lo mismo que hicieron muchos de los maricas que conocimos en estos pequeños pueblos. Fue el punto de partida de la idea de mi película, y ahora libro. La idea de la posibilidad queer; algo parecido a lo que el autor José Esteban Muñoz define como *Queerness*, un posible futuro utópico; algo por lo que luchar.

Me gustaría dedicar esta edición española a todos los queers que viven en pueblos pequeños o comunidades claustrofóbicas o que se sienten atrapados en una cueva o rincón. Espero que os sirva de inspiración para crear vuestras propias comunidades. Las comunidades no tienen por qué durar para siempre y vuestras ideas no tienen por qué alcanzar la corriente *mainstream*, pero por un tiempo, por un momento, espero que ofrezcan algún acercamiento hacia ese mundo en el que queremos vivir.

Es fácil sentirse atrapado por el mundo "real" que nos rodea, pero la música, las películas, los libros, los fanzines y el arte pueden ayudarnos a trascender lo que creemos que es la realidad en la que vivimos. Recuerda, este "mundo real" no es más que una subjetividad acordada colectivamente. Muchas cosas de nuestras vidas son meras creencias colectivas y subjetivas. No son realidades objetivas. Romper con lo binario puede significar mucho más que lo relacionado con la sexualidad. De hecho, puede aplicarse a todas las partes de nuestras vidas. Si llevamos nuestra forma de pensar más allá de lo binario, dictado por gran parte de la sociedad, podemos alcanzar un gran potencial creativo.

Aunque crear comunidad y arte en las pequeñas poblaciones de las que provenimos es genial, a veces es necesario salir cagando leches. Uno de los periodos más creativos de mi vida fue cuando vivía en una pequeña ciudad universitaria de Lawrence (Kansas, EE UU). Me relacioné con punks, anarquistas y activistas locales. Al final me largué cagando leches. Ahora vivo una vida cómoda en Berlín. Vine aquí en busca de una vida mejor y más divertida y para ser aceptado por mi ciudad, mi comunidad y mi entorno. Vengo de la generación posterior al apogeo del *Queercore*, pero aún así viví los últimos años de la década de 1990 como adolescente en los suburbios de Chicago. La sociedad era un horror para las personas queer.

Pero volvamos al presente. Estamos en 2023. Personas abiertamente queer como Lil Nas X y Kim Petras encabezan las listas musicales. Sus vídeos muestran imágenes eróticas de gays y transexuales desnudos. Los personajes queer no sólo se ven en la televisión y los medios de comunicación, sino que lo *queerness* incluso se utiliza ahora como concepto de marketing. Las Drag Queens aparecen en las televisiones de salas de estar de todo el mundo.

Debe de ser difícil para la juventud de hoy imaginar cómo el mundo de los años 80 y 90 para las personas queer, cuando el *Queercore* y el *Homocore* empezaron. Era radicalmente diferente. La homosexualidad no era conocida, no era deseada y, desde luego, no era celebrada por la corriente *mainstream* como lo es hoy. Ser queer significaba ser acosado, ignorado, golpeado o incluso encarcelado. No había Grindr ni PrEP. Contraer el VIH era en la mayoría de los casos una sentencia de muerte, y estaba fuertemente estigmatizado. Los personajes LGBTQIA+, especialmente las representaciones trans en los medios de comunicación, eran en su mayoría criminales o prostitutas, o personajes asesinados en pantalla interpretados predominantemente por actores y actrices heterosexuales.

Los pioneros y pioneras que aparecen en este libro prepararon el terreno para lo que tenemos hoy. Sin embargo, en esta aceptación se pierde algo. La perspectiva del forastero puede ofrecernos una visión crítica de todo lo que damos por sentado en nuestra sociedad.

Aunque hay mucha más conciencia y aceptación de las personas LGBTQIA+, todavía parece faltar el ethos punk. ¡Quién quiere ser marica cuando ser marica significa ser gilipollas! Lo que ser un extraño enseñó a los protagonistas de este libro fue que el mundo que les rodea era hipócrita e injusto. Les forzó a luchar por sus derechos y los de los demás. ¿Qué ha sido del espíritu de *ACTUP*, *Queer Nation* y otros grupos de activismo? Hoy en día, con las grandes corporaciones siendo más dominantes que nunca y la gente pegada a medios saturados de positivismo tóxico y el clima yéndose a la mierda, es más necesario que nunca que la gente se enfrente a los poderes fácticos. El Punk y lo *Queerness* no son estilos ni géneros musicales, sino ideales por los que merece la pena luchar. Son formas de hacer de este lugar en el que vivimos un lugar mejor, un lugar más divertido. No hay nada peor que una sociedad conformista. Ahora es tu oportunidad para liberarte.

QUEERCORE

NARRADOR: Si te mientes una y otra vez al final comienzas a creértelo. Cuando la imaginación toma partido, cuando cerramos nuestros ojos, las ideas y el mundo de la fantasía empiezan a formarse. Ensueños, momentos libres de restricciones y reglas... La verdad puede arrojarse por la ventana o reorganizar una nueva imagen. El *homocore* y el *queercore* empezaron como sociedad secreta, un mundo en el que creer, una falsedad que se convirtió en verdad. Concibieron una generación antes de internet, hecha por un par de veinteañeros frustrados. Ellos punkearon una revolución en sus propios términos.

♪ *¿Eres un chico o una chica?*
Por tu pelo largo y decolorado pareces una chica... ♪ [1]

BRUCE LABRUCE: La primeras raíces del punk fueron en realidad bastante radicales y sexualmente diversas. Había mucha ex-

---

1 *Are You a Boy or Are You a Girl* - Jane County.

perimentación sexual, ambivalencia sexual, bisexualidad, transexualidad...

♪ *Pones a los chicos y chicas en algún tipo de trance*
Con tus pantalones ceñidos ♪ [2]

BRUCE LABRUCE: El problema con las escena gay a mediados de los 80 fue que para nosotros la escena gay era completamente burguesa y convencional. Había bastante conformismo. Estaba también muy dividida en términos de hombre y mujer y no nos sentíamos bienvenidos. Es decir, podían echarme de bares gays en Toronto por llevar pendientes de esvásticas. Mi estilo no era reconocido como parte del movimiento gay. Así que en realidad era visto como alguien muy sospechoso, como si pensaran que iba a golpearles por la calle.

SUPER 8 1/2: *...esquina de Wellington y Portland. Probablemente alguna disputa doméstica. Parece una pareja de maric... em, homosexuales. Vamos a dejar que lo resuelvan.* [3]

---

2 Ver nota 1.

3 Cuando el texto aparece en cursiva corresponde bien a una canción (acotada por notas musicales), bien a un fragmento de película incluido en el documental. Dependiendo de dónde esté puesto el foco de atención o la relevancia de quien articula el texto, en unas ocasiones se encabeza el texto, igual que en el resto del libro, con el nombre de quien le pone voz en la película; en otras, como sucede aquí, la escena descrita tiene más relevancia que la persona que la describe, y el encabezado corresponde al título de la película. En este caso: *Super 8 1/2*, dirigida por Bruce LaBruce.

BRUCE LABRUCE: Estábamos influenciados por *Los situacionistas* y *La sociedad del espectáculo* y *La revolución de cada día* y libros así. Así que nuestra idea era crear un espectáculo, crear personajes, inventar personajes, inventar una escena entera.

G.B. JONES: Los gays, las lesbianas, los bisexuales y la gente transgénero estábamos viviendo fuera de la ley. No era técnicamente ilegal, pero nuestro comportamiento estaba aún vigilado por las autoridades. La representaciones de género eran vigiladas, no sólo por nuestros vecinos, amigos, compañeros de clase y asociados, sino también por la policía. La gente estaba siendo arrestada. Mis amigos estaban siendo golpeados por las calles.

SCOTT TRELEAVEN: Por lo que decidimos que queríamos formar una banda de revolucionarios queer. Tenías que ser queer, un fuera de la ley desde nacimiento, por así decirlo. No había código de vestimenta, estilo, símbolo fijo o logo. Éramos más como una manada de lobos que como una pandilla de pleno derecho. Y esto era bueno para nosotros. Queríamos ser un circo, no una iglesia.

♪ *Sé marica*
Sé marica
Sé marica ♪ [4]

G.B. JONES: Ocupar una posición donde te situabas fuera de la ley del país donde vivías te daba una perspectiva enteramente diferente que teniendo un estatus legal. Porque desarrollas una facultad crítica para contemplar la sociedad en la que vives, y no lo das simplemente todo por sentado. Aprendes a examinar las cosas y a navegar a través de tierras hostiles.

♪ *Sé marica*
Sé marica
Sé marica ♪

BRUCE LABRUCE: Yo fui rechazado por dos subculturas: la gay y la punk. Por eso siempre me sentía en el borde del borde. En Toronto en los 80 había una escena hardcore punk, pero no existía alternativa para chicos queer. Así que nuestra estrategia era fingir que Toronto tenía una alocada escena gay-punk que ya estaba sucediendo, con las bolleras y maricas juntos, y la gente trans y todo el mundo ya luchando no sólo contra la burguesía dentro de la ortodoxia gay, sino contra los machos punks que no

---

4 Tanto esta como la siguiente letra pertenecen a la canción *B/E/A/F/A/G*, de Bomb.

eran tan radicales como ellos decían ser, que no podían lidiar con maricas y bolleras.

G.B. JONES: *Mira, tú dices que quieres estar en esta película pero no hay papeles para skinheads. Los skinheads son demasiado neo-nazis para soportar la fascinación de, por así decirlo, un nuevo culto juvenil revolucionario. Entonces, ¿qué va a ser? ¿Skindhead o estrella? ¡Habla, Doc Marten!* [5]

BRUCE LABRUCE: Parte de nuestro modus operandi era ir a espectáculos punk o tener chicos heteros punks en nuestras casas y emborracharlos y hacer que se quitaran la ropa y sacarles fotos y ponerlas luego en nuestras películas y nuestros fanzines.

SCOTT TRELEAVEN: Teníamos las bases cubiertas. Como una lealtad de estilo y culto bajo los estándares del viejo punk rock: sexo y violencia. Y estábamos convencidos de que nadie nos iba a tomar en serio. Pero lo hicieron. Docenas de personas.

BRUCE LABRUCE: Y ahora mismo sigue pasando. Quiero decir, la gente creía que Toronto era el lugar del movimiento gay hardcore punk. Y surgió y empezó siendo dos mujeres y yo, que asentamos nuestras bases y revueltas con publicaciones alternativas y películas experimentales.

---

5 Extracto de *No Skin Off My Ass*, el largometraje debut Bruce LaBruce.

NO SKIN OFF MY ASS

Featuring
KLAUS VON BRUCKER
BRUCE LA BRUCE

監督・脚本・撮影●ブルース・ラ・ブルース
A Bruce La Bruce Film

1990年・カナダ・16mm・モノクロ・73分
1990・CANADA・16mm・B&W・73min

配給●スタンス・カンパニー

90年代のアンダーグラウンド
トロント発。
ハードコア・ゲイ・パンク・フィルム
Queer Punk Film
from TORONTO

ノースキン・オフ・マイ・アス

G.B. JONES: Había leído mucho sobre teoría situacionista y tenía ideas certeras sobre qué pasaba cuando empujas situaciones en una cultura hasta el punto de rotura y alcanzas ese punto donde la sociedad no puede sostener las contradicciones por más tiempo Eso fuerza un cambio, si la teoría era correcta. Y lo era.

BRUCE LABRUCE: Conocí a G.B. y a *Fifth Column*, un banda de chicas de la que G.B. Jones formaba parte. Ellas eran, a su modo, tan profundamente feministas como yo. Empecé a bailar como gogó para ellas poco después.

THE YO-YO GANG: —¿Qué has traído?
—A mi nuevo chico gogó. Pon una canción, bailará para nosotros.
— ¿En serio? Ok. [6]

BRUCE LABRUCE: Y entonces me mudé con ellas. G.B. Jones tenía una colección increíble de fanzines punk heterodoxos que tenían mucho subtexto homosexual. Tenían una mirada mucho más amplia y estaban haciendo todo tipo de cosas relacionadas con la cultura alternativa.

NARRADOR: Los Fanzines son revistas autoplicadas, predecesores analógicos de los blogs y las redes sociales. En los 80 y 90 eran

---

6 *The Yo-Yo Gang*, dirigida por G.B. Jones.

muy importanes. Se comercializaban en conciertos, se vendían e intercambiaban en librerías y se enviaban por correo en sobres marrones. Dentro de las pequeñas páginas fotocopiadas había historias sobre bandas ruidosas, escenas punk y políticas de Hazlo-Tú-Mismo.

G. B. JONES: Pensaba que sería realmente excitante empezar un fanzine para nuestro público, así que pregunté a Bruce si él quería hacer un fanzine conmigo y empezamos haciendo *J.D.s*.

BRUCE LABRUCE: Vivíamos en un edificio okupa realmente destartalado que estaba muy apartado y decrépito. Era como una pequeña comunidad punk. Y G.B. y yo nos sentábamos en las escaleras y hacíamos *J.D.s.* Cortábamos, pegábamos y escribíamos nuestros manifiestos.

NARRADOR: Bruce LaBruce también fue una invención. Afirmó que *J.D.s* estaba destinado a las juventudes delincuentes, pero después a James Dean, J.D. Salinger y Jeffrey Dahmer. Afirmó que él mismo era una creación de G.B. Jones, habiéndose descrito a sí mismo como su monstruo de Frankenstein.

BRUCE LABRUCE: Mi filosofía de la homosexualidad siempre ha consistido en abrazar las cosas que te hacen diferente, abrazar lo aspectos más radicales de la identidad gay. Incluso fuimos tan lejos como para decir, en *J.D.s*, que el homosexual es un criminal. Y de alguna manera abrazamos la criminalidad de la homosexualidad.

G.B. JONES: Sí, muy chocante. Porque no trataba activismo, ni trataba protesta ni sobre legalidad y mecanismos del estado. Trataba de cultura, de estética, de glamour, de estrellato, de libertad... De todo lo que pudiera utilizarse como oposición al estado.

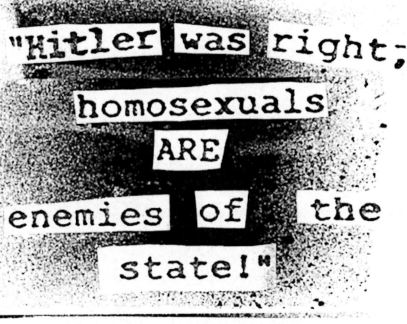

"Hitler was right; homosexuals ARE enemies of the state!"

I met him one night in downtown San Diego near the porno stores, topless bars, and tattoo parlors. They are the last vestiges of sleaze in San Diego, formerly known for its frontier town wild abandon, home to sailors, drifters, and immigrants. In the past five years on visits there I've watched it become less and less sleazy and more and more white, homogenized, safe, and sterile. Soon the whole city would fall victim to the Brave New World of Nouveau California Preppie Yuppiedom, but for now, a few patches of sleaze remained. In sleaze, there is life.

He was about 18, dark; Mexican, I supposed, but he turned out to be Indian. We eyed each other some, then I walked up to him on the sidewalk. "What's up?" I asked. He nodded. "Wanna get high?" "What do you got?" "Some pot." He nodded.

We walked towards the water. "What's your name?" "Bob." "Where are you from?" "Alaska."

He seemed nervous but he knew what he wanted.

We sat on a bench by the water and got very high. The city behind us, boats in front of us, people walking by us.

"So," he asked nonchalantly, "Where do you get laid around here?"

"Depends what you're into... What are you into?"

"I like fucking... I'm looking for a blow-job."

It was now or never.

"I'll give you a blow-job."

"O.K.," he said, and undid his pants to reveal a virgin jockstrap.

Underneath that was his perfect cock; stiff and straight as a rocket; thick and juicy and hard.

I sucked it hungrily; without hesitation. His cock filled

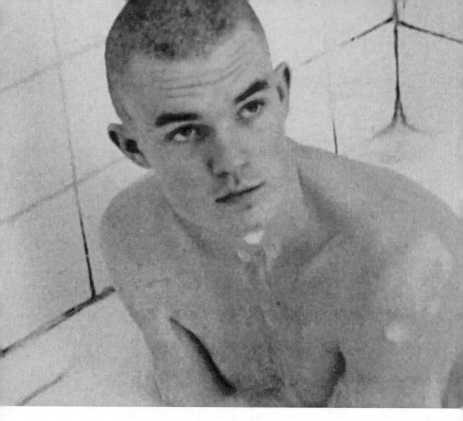

BRUCE LABRUCE: Tenía muchos elementos diferentes. Por una parte era muy político y serio, y por otra muy frívolo. Había cierta cantidad de camp. Había mucha autocrítica. Y eso era parte de la estrategia de construir el espectáculo. Podías construir un espectáculo y luego derribarlo, y eso se conseguía riéndote de ti mismo. Mucho.

BRUCE LABRUCE: *"Tú eres un skinhead, ¿verdad?",* le dije, *"Podría haberlo adivinado sin problema. Sé un poco sobre skinheads, lo creas o no. Era una especie de hobby para mí. Una obsesión, casi. Verás, soy peluquero."* [7]

---

7 *No Skin Off My Ass*, dirigida por Bruce LaBruce.

G.B. JONES: Bueno, realmente no empezamos en la comunidad gay, sino en la anarquista. Ese era realmente nuestro entorno. Y la escena punk y post-punk, y los directores experimentales y los artistas... Es de ahí de donde realmente salimos.

THE LOLLIPOP GENERATION: —*Esta ya no es tu película, es nuestra película.*
—*Ahora tú estás en nuestra película. ¿Por qué querríamos nosotros estar en tu película? Ahora nosotros hacemos nuestras propias películas.*
—*Sí, vamos a hacer nuestras propias películas. Conocemos a tantos pervertidos como tú...*[8]

ANITA SMITH: *No quieres hacer de la comunicación una cosa elitista. Y creo que eso es de lo que trata el punk, ya sabes, una especie de "haz lo que quieras de la gente". No tenías que preocuparte por no tener acceso a los medios, a la televisión, a la publicación de un libro o a lo que fuera. Lo hacías tú misma. Hacías tu propio álbum, tu propio fanzine, tu propia escena.*[9]

TEXTO EN PANTALLA: *No seas gay, o cómo aprendí a dejar de preocuparme y a follarme al punk por el culo.*

---

8 *The Lollipop Generation*, dirigida por G.B. Jones.

9 *Queercore: A Punk-U-Mentary*, dirigido por Scott Treleaven.

BRUCE LABRUCE: Hablábamos mucho sobre como las raíces del punk eran muy queer. La etimología original de la palabra *punk* estaba basada en jerga carcelera donde los punks eran los chicos pasivos de la cárcel a quienes les daban por el culo.

TEXTO EN PANTALLA: *Si el primer movimiento punk pretendía derribar las restricciones de sexo y género, sus intérpretes más apasionados fueron el mejor ejemplo.*

TEXTO EN PANTALLA: *Punk: sustantivo en argot*
1) Un joven inexperto o callado
2) Un joven rudo
3) Un homosexual pasivo, o catamita

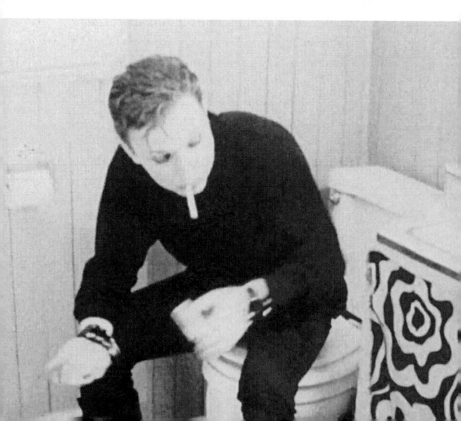

ANITA SMITH: *Cuando el punk empezó realmente tenía ese potencial, ya sabes, sobre temas queer. Definitivamente lo tenía. Quiero decir, lo que había por debajo de la superficie, ya sabes.*[10]

♪ *"¡Quédate callado o muere!"*
Dijo él
Frente a ti y frente a mí
Hizo que el piloto se pusiera de rodillas
Le hizo gatear, le hizo gimotear
Le hizo gritar el nombre de su madre
Wow! Menudo show!
122 horas de miedo
Wow! Menudo show!
122 horas de miedo
122 horas de miedo ♪ [11]

BRUCE LABRUCE: La escena punk de SoCal tenía a *Nervous Gender* y a *Phranc* y a *The Germs*. Y a *Catholic Discipline*, y a bandas que representaban la sexualidad alternativa...

♪ *Un homosexual ninfómano*
Un homosexual ninfómano
Un homosexual ninfómano
Caminando por las calles de Galilea... ♪ [12]

---

10 Ver nota 9.

11 *122 Hours of Fear* - The Screamers.

12 *Confession* - Nervous Gender.

LARRY LIVERMORE: A finales de los 70 y principios de los 80, la primera ola del punk que tenía una mente abierta y aceptaba rarezas de todo tipo fue reemplazada por más y más estereotipos violentos y los espectáculos empezaron a dar mucho miedo.

BRUCE LABRUCE: Creo que de mediados a finales de los 80, el punk se volvió demasiado macho y era homofóbico, y me hubieran dado una paliza en sus shows hardcore por parecer demasiado queer. *J.D.s* era realmente un fanzine de venganza, era como una venganza contra los machos del punk. Por supuesto, esto era pre-internet, y se lo enviábamos a la gente. Hacíamos publicidad en *Maximumrocknroll* y *Factsheet 5* y *Forced Exposure* o en donde fuera. Fanzines que tenían una circulación más grande.

G.B. JONES: Cuando estábamos de gira éramos prácticamente un circo ambulante. "Aquí está la banda, aquí los fanzines, aquí las películas, y...". Y así es como se propagó tan rápidamente, porque la gente se lo encontraba en formatos muy diferentes. Entonces Bruce y yo como que nos movimos a través de la idea de que se trataba de un gran movimiento internacional. Y la gente creía en ello.

TEXTO EN PANTALLA: *J.D.s se dedica a promover la literatura y la fotografía homosexual...*

HOMOCORE

Issue #7　　　　　　　　　Winter/Spring 1991　　　　　　　　　$2.00

No, you cannot have this copy.

HOMOCORE

Issue #5 December 1989 $1.00

AUDIO: *Gracias! Venimos al espectáculo para ver tocar a bandas DIY, no necesitamos la mierda corporativa...*

NARRADOR: Aunque los chicos en Toronto están más o menos acreditados como creadores del Homocore, no fueron los únicos... En los Ángeles, la drag queen punk Vaginal Davis gobernaba la escena. En San Francisco, dos anarquistas, Deke y Tom, empezaron un fanzine que llamaron *Homocore*, consolidando el nombre.

TOM JENNINGS: En San Francisco, en ese momento, había una especie de estrato de artistas raros y nos importaba menos quién era gay o no que el hecho de tener un grupo con el que salir por ahí. Lo punk y lo gay se solapaban en los límites.

LARRY LIVERMORE: Tom expresaba mucho descontento acerca de su sentimiento de marginado. Daba la sensación que faltaba algo.

TOM JENNINGS: Y encontramos un J.D.s y no tenía ningún un manifiesto o declaración de intenciones o propósito. Era una estética creada a través de imágenes y textos, y era como "¡Sí, joder! No se por qué esto es bueno, pero es realmente bueno." Comenzó con un montón de librerías anarquistas. Fuimos a una conferencia anarquista en Toronto y llegamos allí y conocimos a Deke.

DEKE NIHILSON: En los primeros días tenían un círculo anarquista y queer.

TEXTO EN PANTALLA: *Acabad con el acoso policial.*

TOM JENNINGS: Y mientras todos los chicos hetero estaban tirando piedras y poniéndose justicieros, nosotros estábamos en plan "¡Queer punks, qué guay!".

DEKE NIHILSON: Todo el mundo quería información sobre la escena, noticias frescas. Del estilo, "¿qué está pasando en tu ciudad?". Y cuando me llegó el turno dije algo como: "Soy la única persona en mi escena que está deseando salir!". Y Tom Jennings me escuchó. Él era el único entre la multitud que pensaba: "Sí, eh, ¿qué pasa con todos esos chicos aislados que hay por ahí?".

TOM JENNINGS: Cuando volví de una conferencia anarquista, hice el primer número de *Homocore* en respuesta a mi experiencia en Toronto, donde conocí a Bruce y todo el tema.

SCOTT TRELEAVEN: *Al más puro estilo punk rock, diseminamos nuestras ideas a través de un fanzine. Fotocopias de comunicados, collages de corta y pega. Pornografía, blasfemia, anarquía, sodomía. Por supuesto, ya se había hecho antes. Pero lo mejor que podía pasar no era ser únicos, sino formar parte de una historia en marcha.* [13]

DEKE NIHILSON: G.B. Jones y Bruce LaBruce habían publicado el *J.D.s.* Tenían un par de números en circulación y de ahí fue de donde Tom sacó el término "Homocore".

BRUCE LABRUCE: El *core* era tan importante como el *homo*, ¿sabes? Iba todo sobre el hardcore punk.

---

13 *The Salivation Army*, dirigida por Scott Treleaven.

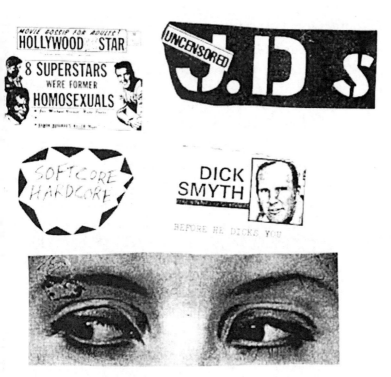

MOVIE GOSSIP FOR ADULTS!
HOLLYWOOD STAR

8 SUPERSTARS
WERE FORMER
HOMOSEXUALS

UNCENSORED J.D.s

SOFTCORE
HARDCORE

DICK
SMYTH

BEFORE HE DICKS YOU

Red Hot Chilli Peppers

SKATEBOARDING ISH

J.D.s

UNCONSCIOUS
FANTASIES!
REVEALED.

J.D.s
hard-core

G.B. JONES: Pensé que sería divertido jugar con el hardcore y pensé también que sería realmente irritante para la gente.

DEKE NIHILSON: Hicimos un show en el Deaf Club, que era un punto de encuentro para la primera escena punk y que luego desapareció. Era un club para personas sordas y dejaban a la gente hacer shows punk allí porque el ruido no les molestaba. Ellos solían bailar usando las vibraciones y dando pisotones en la pista. Y por primera vez en unos cuantos años, hicimos un show benéfico de *Homocore* con MCD y eso fue una especie de lanzamiento.

TOM JENNINGS: Si buscas los créditos de todo esto, yo no lo hice de manera consciente. No, de hecho lo hicimos con la idea de terminar convirtiendo el mundo en el donde queríamos vivir. Porque puedes quejarte o puedes hacer algo. Así que básicamente Deke y yo nos hicimos compañeros y trabajamos en *Homocore* juntos. Seleccionamos y documentamos cosas que nos gustaban del mundo, e intencionalmente por otro lado creamos esta mitología del queer punk en San Francisco, que no existía. Esa era la cosa. Realmente no existía.

BRUCE LABRUCE: Teníamos una lista en *Homocore* de las 10 bandas top que nos gustaban y que tenían canciones con temática gay.

G.B. JONES: Algunas de las canciones eran muy homofóbicas. Yo no tenía ningún problema con incluir a las bandas que escribían esas canciones y reivindicarlas como parte del movimiento queer punk. ¿Qué mejor manera para vengarse de ellos?

TOM JENNINGS: Estábamos buscando cosas que fueran musicalmente compatibles. Y era como: "¡Mira, esta es una canción punk genial! Oh, sois un montón de imbéciles. Oh, vale, ahora es menos interesante ahora. A menos que seas muy guapa y que dure unos quince minutos, ¿verdad?". Había un montón de eso.

J.D.s hardcore

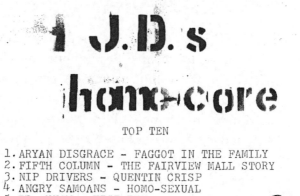

TOP TEN

1. ARYAN DISGRACE - FAGGOT IN THE FAMILY
2. FIFTH COLUMN - THE FAIRVIEW MALL STORY
3. NIP DRIVERS - QUENTIN CRISP
4. ANGRY SAMOANS - HOMO-SEXUAL
5. DR. KNOW - FIST FUN
6. ZUZU'S PETALS - BERT, PHILANDERER
7. GAY COWBOYS IN BONDAGE - COWBOYS ARE HOMOS
8. PATTI SMITH - REDONDO BEACH
9. MIGHTY SPHINCTER - FAG BAR
10. BUTTHOLE SURFERS - THEME SONG

LYNN BREEDLOVE: *Anti-Scrunti Faction, A.S.F.* Creo que fue la primera banda de bolleras. El nombre *Anti-Scrunti Faction* se mofa de las las chicas hetero que iban a los conciertos a chupársela a los chicos de la banda. Ellas inventaron un nombre para esa clase de chica: *scrunti*. Y entonces su banda se llamó *Anti-Scrunti Faction*.

TOM JENNINGS: Donna estaba intentando crear bandas y encontrar personas compatibles. Y nosotros reseñábamos discos y algunas veces nos íbamos por las ramas e inventábamos cosas. Y encontramos discos que parecían compatibles.

44

GENESIS BREYER P-ORRIDGE: No es casualidad que, en cada sociedad, en cada estructura tribal, haya leyes para gobernar la sexualidad. Para nosotros esto sugería que la sexualidad en sí misma tenía cierto poder y energía que esta sociedad y su gobierno tienen especial interés en suprimir. La libertad es arrebatada cuando hay una amenaza, y hay una amenaza de control sobre la sexualidad, por lo tanto la sexualidad debe ser investigada y liberada. Había una desconexión entre las raíces del punk y cómo este había sido expresado y revelado. Era el mismo viejo miedo de siempre a quedar expuesto lo que imperó durante un tiempo. Así que para mí fue

realmente liberador y refrescante cuando finalmente se unió de nuevo a lo queer. Porque si una comunidad tiene algún derecho a gritar sobre falta de igualdad, esa es la comunidad queer, y lo ha sido durante mucho tiempo. Así que me pareció totalmente lógico que en algún momento esa indignación, esa desigualdad, se expresara también más en términos de política de género, porque había mucha gente queer implicada. Esto tenía que empezar desde ellos, y no sólo desde la política mundana del día a día. Va mucho más allá. Trata de derechos humanos. Trata del derecho a ser quien quieras ser, que era sobre lo que las primeras canciones hablaban una y otra vez.

TEXTO EN PANTALLA: *Me está matando. El gobierno tiene las manos llenas de sangre. Una muerte por SIDA cada media hora. Muertos por falta de fondos en la lucha contra el SIDA. Asesino en serie: Una muerte por Sida cada 12 minutos.*

DEKE NIHILSON: Mientras tanto, el SIDA ya había devastado a la comunidad gay.

TEXTO EN PANTALLA: *No permitiré a la ciencia encontrar una cura para el SIDA!*

JUSTIN VIVIAN BOND: El gobierno de los EEUU quería a toda la gente queer muerta y estaban quitándole los fondos a nuestro

arte y diciendo que íbamos a arder en el infierno. Aparecía gente en los shows, protestantes derechistas y fanáticos del cristianismo acosándonos y tratando de silenciarnos mientras actuábamos.

TEXTO EN PANTALLA: *Levítico 8, verso 22.*
    La homosexualidad es un pecado...
    y te condena al infierno!

BRUCE LABRUCE: *Yo me preguntaba: "¿Seré la próxima celebridad gay en morir de SIDA? Quiero decir, he estado aquí tumbado, pensando en todas ellas... Bueno, no, no debería preocuparme por eso. Aún no soy tan famoso."* [14]

---

14 *Super 8 1/2*, dirigida por Bruce LaBruce.

DEKE NIHILSON: Alguna gente del *ACT UP*[15] y sentía que lo primero era tratar de salvarnos de la muerte. Algunos decían que era importante luchar por los enfermos que había entre nosotros, pero también era importante tener una vida. Aquí y ahora. No podíamos ser reducidos a morir por SIDA, teníamos que tener nuestra propia cultura, nuestros propios espacios, nuestros propios movimientos. Nuestra parte positiva de la vida. Y ahí es cuando surgieron grupos como *Queer Nation*. Tenían una agenda más proactiva. Decían: "Ok, volvamos a la liberación gay."

JUSTIN VIVIAN BOND: *Queer Nation* era una organización relativamente diversa. Yo me uní a ella en San Francisco, y todo trataba sobre visibilidad queer. Se convirtió en una decisión política intencionada para salir, ser vistos y ser queer, y que nos tuvieras justo delante, y tener gente que nos conociera y supiera que existíamos y de que íbamos.

SILAS HOWARD: Estuvimos con *ACT UP*, fuimos políticos, estuvimos dando vueltas sin en-

---

15 Acrónimo de la *AIDS Coalition to Unleash Power* (Coalición del sida para desatar el poder), un grupo de acción directa fundado en 1987 para llamar la atención sobre la pandemia de SIDA y sus afectados. Pretendían conseguir legislaciones favorables, emprendían acciones para asistir a las personas enfermas y promovían la investigación científica. Su objetivo era acabar con el SIDA.

contrar la comunidad. Y fuimos a aquel desfile del orgullo gay, oh, recuerdo eso.

PROTESTANTES: *¡Dos, cuatro, seis, ocho, gays y lesbianas, educaos! ¡Dos, cuatro, seis, ocho, ¿Cómo sabes que tu profesor es hetero?*

JUSTIN VIVIAN BOND: Estaba solo. En aquel momento no había hecho amigos gays. Decía: "Voy a ir, me voy a parar al principio del desfile, y cuando vea una carroza de una organización o alguna gente donde yo pueda encajar me meteré en el desfile."

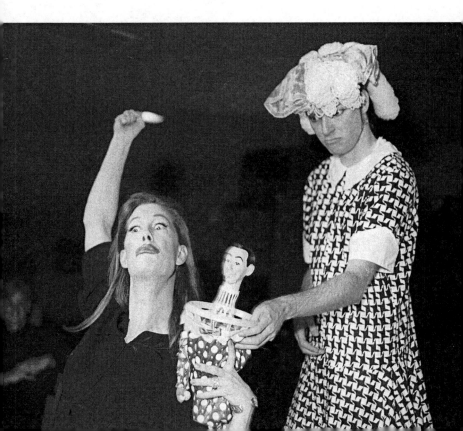

DEKE NIHILSON: Hicimos una carroza en el desfile del Orgullo Gay de 1989, en San Francisco, donde un rico benefactor alquiló un camión de la basura y un coche. Y nosotros pintamos el coche para que se pareciera vagamente a un coche de policía. Y alguien hizo un gran tacón con papel maché, que pusimos en la parte de arriba como si estuviera aplastando el coche de policía. E hicimos el recorrido desde Market Street como entrada al desfile. Les hacíamos saber que éramos punks y que odiábamos a la policía porque la policía también nos odiaba a nosotros.

JUSTIN VIVIAN BOND: Y de repente, a la vuelta de la esquina, llega esto.

SILAS HOWARD: Apareció el coche de policía, todos lo rodearon y recuerdo que era como un montón de punks con sus bates de béisbol dispuestos a destrozar el coche de policía y yo estaba como: "¡Sí!".

JUSTIN VIVIAN BOND: Encima del remolque tenían una caja atornillada que habían llenado de tacones. Así que me metí en el desfile y cogí un tacón de aguja y empecé a golpear el coche de policía y básicamente destruimos el coche.

SILAS HOWARD: Lo que me encanta es que tengamos esos recuerdos donde se mezclan lo afeminado y lo marimacho. Para mí era el bate de béisbol, para Justin el zapato de tacón.

JUSTIN VIVIAN BOND: Y todas aquellas personas se convirtieron en mis amigas, y entonces tuve una comunidad. Aquel día me cambió la vida, fue realmente increíble.

SILAS HOWARD: Fue como un momento de cristalización en plan: "¡Esta es nuestra gente!". Pero aún no nos parecíamos a ellos, así que nos cortamos el pelo como en mohaks. Fue como enamorarse.

ANUNCIANTE:*Ahí va otro de esos grupo callados... ¡Eso es sutileza! ¡De eso va este desfile! ¡De sutileza!*

DEKE NIHILSON: Frente a eso había una pancarta que decía: "Sin disculpas, sin asimilación, jamás". Lo cual creó un debate en el grupo porque alguna gente pensaba que eso no los representaba, pero culturalmente era el camino a seguir para luchar contra la homofobia. Otros sentíamos que la asimilación a una cultura de muerte era en sí misma una trampa mortal. Ya sabes, exiges el derecho de servir en el ejército y terminas arrojando bombas de fósforo a niños Afganos. ¿Es eso liberación? ¿Es eso libertad? No sentíamos que ese fuera el espíritu del movimiento de los derechos gays. Y en un sentido cultural más amplio, era algo que el punk rock había criticado activamente desde siempre.

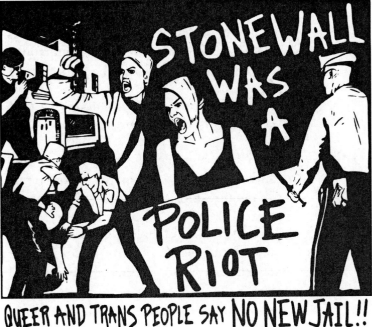

QUEER AND TRANS PEOPLE SAY NO NEW JAIL!!

TEXTO EN PANTALLA: *Le rezo a dios.*
Le rezo a dios con mi erección.
Le doy las gracias a dios por todos los
hombres con los que he dormido.

BRUCE LABRUCE: Creo que ahora los gays se están vendiendo muy mal. Porque tradicionalmente han tenido una gran oportunidad de ser diferentes y de estar a la vanguardia y ser glamurosos, ser forasteros que miran desde la distancia a la cultura dominante o a la ideología dominante, o ser como espías o agentes dobles. Eso es mucho más glamuroso que intentar convencer a todo el mundo de que eres igual que los demás y tienes los mismos sentimientos y lo único que quieres es formar una familia. Y ser un individuo equilibrado...

OTTO: *Un persona que actúa con normalidad en una sociedad enferma, está enferma.*[16]

BRUCE LABRUCE: Eso sucedía mucho en el movimiento gay. Los oprimidos se convirtieron en opresores.

PENNY ARCADE: A finales de los 70, en realidad a mediados de los 70, la gente empezó a salir del armario. Gente que arrastraba los pies al salir del armario, salieron e inmediatamente empezaron a formar comités, donde trataron de decirnos al resto de nosotros, que nunca estuvimos EN el armario, lo que podíamos decir y hacer. Oh, querían ser gays de manera profesional. Tenían reuniones en las que decidían que no podíamos decir *tortillera*, no podíamos decir *maricón*, no podíamos decir *queer*. Oh, ¡odiaban la palabra *queer*! Uuuh, uhhh. Fueron los perdedores, raros y desviados quienes empezaron el movimiento de liberación gay, no estos putos locos del control. ¡Queríamos que volvieran al armario! Ahora de repente este tipo de personas querían ser queer. Bueno, no son queer. Queer significa que no tienes amigos. Queer significa que has sufrido un período de rechazo, aislamiento y exclusión tan profundo

---

16 *Otto: or up with dead people*, dirigida por Bruce LaBruce.

que te marca como extraño para siempre. ¿Sabes? En los 60, cuando decíamos *hetero* nunca queríamos decir *heterosexual*, queríamos decir *estrecho de miras*. Y el mundo gay se ha convertido en un lugar más y más hetero. Y no tengo ninguna preparación ni ninguna inclinación a vivir en un mundo completamente hetero.

GENESIS BREYER P-ORRIDGE: *Este viaje hacia la libertad sólo puede empezar de verdad cuando todos son un solo sexo, un solo género, una sola verdad.*[17] Para mí, queer significa negarse a formar parte del statu quo, negarse a aceptar el manto de la llamada normalidad.

JUDY LABRUCE: Actualmente rechazamos lo gay en general. La comunidad gay debe ser destruida.

QUENTIN CRISP: Lo que pasa es que quieren estar separados pero también ser iguales.

PENNY ARCADE: Creo que las políticas de identidad son para la gente que no tiene identidad. ¿Sabes? Tal como lo veo yo, ¿por qué vas a definirte sólo por tu sexualidad?

QUENTIN CRISP: Verás, nunca hablan de otra cosa que no sea su vida sexual. Por eso tienen que estar separados.

---

17 *The Raspberry Reich*, dirigida por Bruce LaBruce.

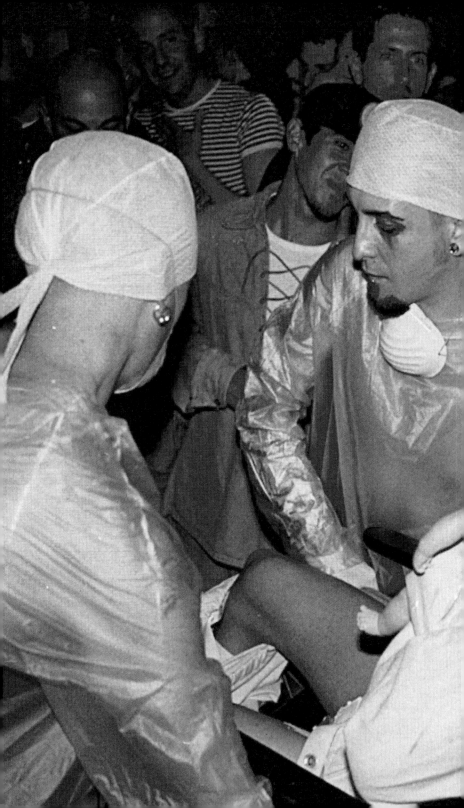

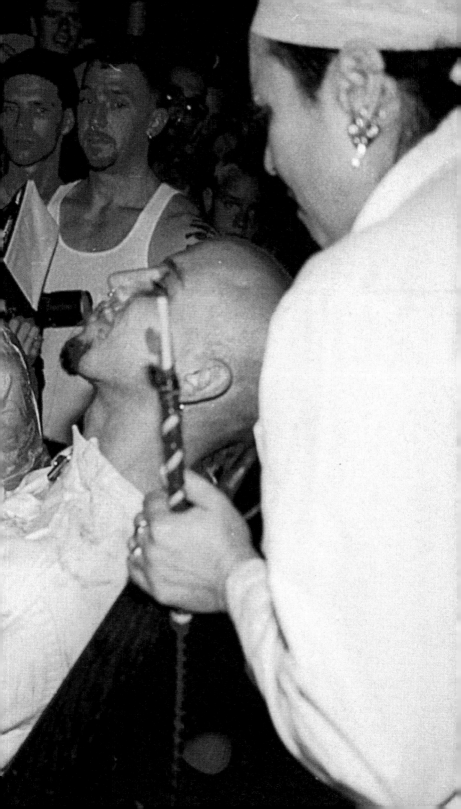

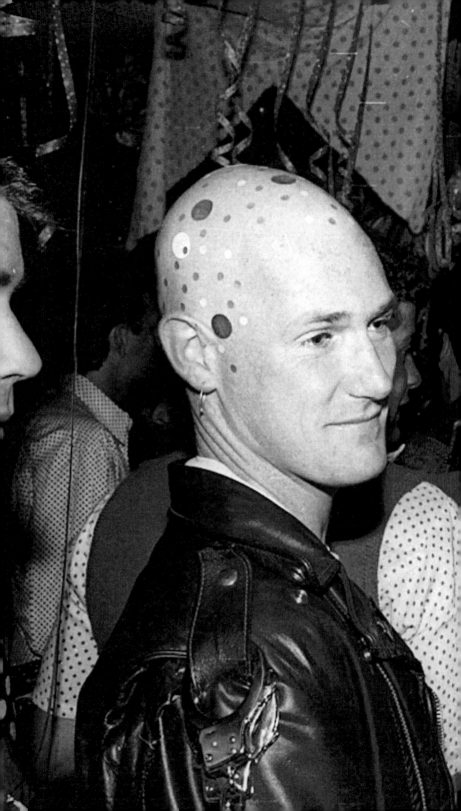

JOHN WATERS: Si quieres que te diga la verdad,
sigo sintiéndome más en casa estando en
un bar punk que en un bar gay. Se folla
mejor. Es más mi estilo. No todo el mundo es gay, pero te sientes bien cogido. La
comunidad punk es donde siempre me
siento muy seguro y muy en casa. Los
gays heterosexuales que conozco hoy en
día son más conservadores que mis padres. Hay más normas en el mundo gay
de ahora que en el mundo del que yo me
rebelé. Pero no conozco a ningún punk
heterosexual que vaya por ahí. Los gays
heterosexuales como que parecen punks,
pero luego son muy conservadores en la
vida real.

SCOTT TRELEAVEN: *Odiábamos a los gays amables, odiábamos la falsa amabilidad de nuestra supuesta comunidad. Odiábamos la homogeneización provocada por años de música dance de mierda y ropa de diseño. Por supuesto que podéis mercantilizaros. Todos parecéis iguales, joder. Odiábamos el sexismo, el racismo, el clasismo. Odiábamos sus drogas, sus baghouses, bares y clubs. Más que ninguna otra cosa, no queríamos encajar. Como dice el tatuaje: queríamos ser ateos, sin ley y nómadas. Nos alienaste incluso antes de empezar. Pero ya sabes, cuando todo estaba dicho y hecho, cuando todo esto había terminado, cuando la sangre y la saliva se habían secado y ya no había nada más que decir, lo que se nos ocurriera, por muy jodido que fuera, era mejor que todo esto.*[18]

SCOTT TRELEAVEN: Cuando te das cuenta de que eres queer y recuerdas la forma en que te han tratado o las cosas que te han dicho sobre la manera en que la sociedad puede tratarte, la manera en que se supone que debes pensar sobre ti en relación con la sociedad, es decir, que eres perverso o malvado o cualquiera de esos términos peyorativos que te han lanzado. Cuando te das cuenta de que eso es fundamentalmente erróneo y sabes de forma innata que estás conectado con algo que no sólo

---

18 *The Salivation Army*, dirigida por Scott Treleaven.

es correcto sino natural, creo que hay un proceso por el que uno pasa y empieza a analizar con el mismo rigor el resto de sistemas en los que está involucrado: ¿Qué más me han dicho que no es verdad? ¿De qué más me han convencido que en realidad es falso? ¿Qué otras cosas apoya y sostiene la sociedad que quizá sean artificiales? Así que creo que esta alineación de lo queer y lo punk fue una alineación muy natural. El punk siempre ha cuestionado el statu quo y los queer también deberían hacerlo.

THE RASPBERRY REICH: *Es cierto que no habrá revolución sin revolución sexual. Pero también es cierto que no habrá revolución sexual sin revolución homosexual. ¿Entiendes lo que quiero decir?*[19]

BRUCE LABRUCE: La idea de una agenda homosexual suena como si estuvieras intentando reclutar activamente a heterosexuales para la homosexualidad, por ejemplo, lo cual me parece un gran pasatiempo. Creo que es un objetivo realmente digno así que, ¿por qué no? Quiero decir, siempre ha existido esa percepción de que los gays son una especie de animal depredador, lo que me parece bastante excitante.

---

19 Dirigida por Bruce LaBruce.

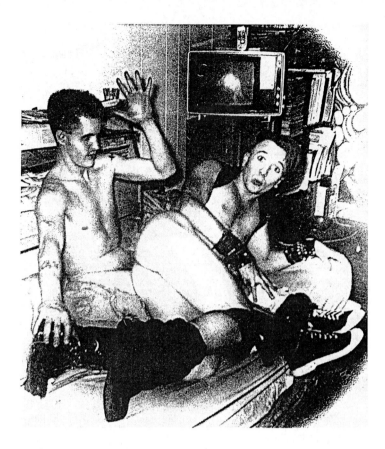

THE RASPBERRY REICH: —*La heterosexualidad
es el opio de las masas.*
—*Sí, Gudrun.*
—*¡Únete a la intifada homosexual!*
—*Lo sé, Gudrun.*

BRUCE LABRUCE: Me gusta la idea de abrazar los
estereotipos negativos que la sociedad heterosexual tiene sobre los homosexuales
y golpearles de verdad con ellos.

DEKE NIHILSON: Sentíamos que en su punto más fuerte la cultura queer representaba una crítica permanente a toda la sociedad y sus enfermedades y lo que era necesario superar. Ya sabes, una visión mucho más revolucionaria del potencial de la liberación queer. Y que, de hecho, la liberación queer representa una liberación sexual para todos, incluidos los heteros. Y el homocore es una expresión de eso en su tiempo y lugar. Una crítica de liberación, no de asimilación. Teníamos la sensación de que estábamos devolviendo el punk al movimiento homo y el homo al movimiento punk al mismo tiempo.

TEXTO EN PANTALLA: *Stonewall fue una revuelta, no una marca comercial.*

MYKER BOARD: Aquello hizo salir a mucha gente del armario, porque hasta entonces la gente se sentía atrapada. Se sentían en plan: "Bueno, vale. Me gustan los chicos, ¿pero significa eso que me tiene que gustar la música disco? Va todo junto, ¿verdad? ¿Esas prendas horribles y la música disco? ¿Así que si me gustan los chicos me tiene que gustar la música disco y tener mal gusto para la ropa?". *Homocore*, la revista de Tom, y las cosas que Bruce LaBruce estaba haciendo liberaron a la gente de ese pensamiento. "¡Sí! Me pueden gustar los chicos y tener una chaqueta de cuero negro. ¡Genial!". Así que fue como un gran salto hacia delante, y brindó la libertad a una gran cantidad de personas que se quedaban en el armario no por que las sociedad les dijera "Oh, si eres homosexual eres malo", sino porque las cosas que les gustaban no eran gays. ¿Y qué podían hacer? Estaban obligados a elegir, pero *Homocore* les dijo: "No tenéis que elegir, podéis tener polla y comerla también".

THIS ONE PREVENTS AIDS.

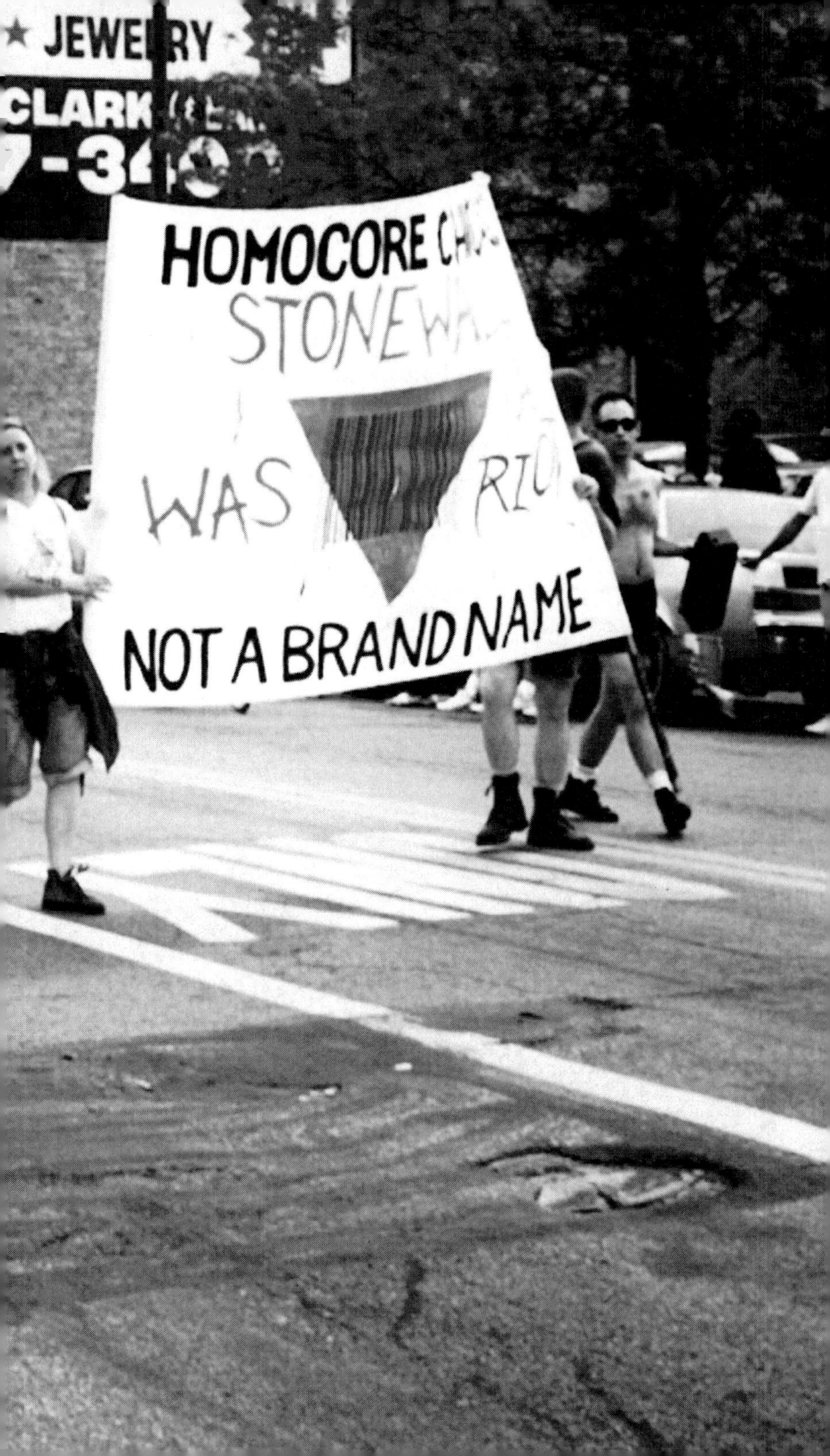
JEWELRY
CLARK
HOMOCORE
STONEWA
WAS
NOT A BRAND NAME

GLENNDA: Todas estas celebridades saliendo del armario han hecho que la cultura gay se convierta en algo muy mediocre. Le están quitando la mística a la homosexualidad.

JUDY LABRUCE: ¿Por qué la homosexualidad no puede ser una influencia invisible en el arte, la cultura y los medios de comunicación? Eso es lo que no entiendo.

JOHN WATERS: Yo soy gay pero no me gustan todas las cosas gays. A veces son terribles. Creo que el movimiento punk rock gay fue lo suficientemente valiente como para admitir eso: que lo gay no es suficiente.

G.B. JONES: *Creo que la cultura queer tiene que alejarse de la definición tan cerrada que la gente le ha impuesto en el último siglo y abrirse de nuevo a lo que solía ser. Tiene que retroceder a antes de este enfoque tan cerrado que se le ha impuesto debido a la necesidad de activismo político.*[20]

GLENNDA: Oh, esos queers... Son jodidamente políticos.

JUDY LABRUCE: Muy políticos. Es el momento de ser apolíticos y volver a nuestras raíces gays.

GLENNDA: El artista importa más que el activista.

THE YO-YO GANG: *Reunamos a nuestras putas y pateemos algunos culos.*[21]

JON GINOLI: Pensé: "Quiero hacer algún tipo de activismo que retome lo que ACT UP abandonó. Quiero hacer activismo cultural. Soy músico. Formaré una banda". Resulta que otras personas tuvieron la misma idea al mismo tiempo.

---

20 *The Lollipop Generation*, dirigida por G.B. Jones.

21 Dirigida por G.B. Jones.

PANSY DIVISION

Touch My Joe Camel

♪ *Nunca antes he estado en algo como esto*
Nos quitamos la ropa antes de llegar a la puerta
Ocho horas de trabajo son algo especialmente duro
Cuando tres veces al día apenas es suficiente
Yo tengo la zanahoria tú tienes el palo
Tú empiezas a morder yo empiezo a lamer
Y nuestros cuerpos se ponen calientes y sudorosos y
apresurados
Y entonces follamos como conejitos ♪ [22]

BRUCE LABRUCE: Creamos este pequeño mundo
de ficción, pero luego empezó a convertirse en algo real. A principios de los 90
empezaron a formarse grupos y a aportar
música original a *J.D.s*.

---

22 *Bunnies* - Pansy Division.

JON GINOLI: Antes de que se formaran los *Sex Pistols*, Malcolm McLaren tenía una idea de cómo quería que fuera un grupo. Antes de que existiera un grupo así y antes de que existiera una escena. Ocurrió lo mismo con el homocore: G.B. Jones y Bruce LaBruce idearon esta escena en Toronto cuando todavía no existía. Pero culturalmente parecía una idea madura.

TOM JENNINGS: Casi todas las cosas, incluidos los inventos electrónicos, son respuestas a la cultura. Así que mientras Deke y yo estaba haciendo esto, la gente de Toronto y la gente de Filadelfia también lo estaban haciendo. Y entonces se dio un momento en que hubo un descubrimiento simultáneo, una invención simultánea.

BRUCE LABRUCE: Primero nos dimos a conocer como el movimiento *homocore* y luego como el movimiento *queercore*.

JON GINOLI: *Tribe 8* fueron muy paralelos a la *Pansy Division*. Se diferenciaban en algunas cosas, pero eran realmente paralelos. Como Chris y Pansy Division solían decir, eran una especie de *Stooges* para nuestros *Ramones*.

♪ *Cuando estás de rodillas mirándola*
Sabes que es tan magnífica
Ella mira hacia abajo para verte ♪ [23]

---

23 *Femme Bitch* - Tribe 8

QUEERROCK&ROLL

PANSY DIVISION

GOD IS MY CO-PILOT

FALLACY SORRY EXCUSE

SAT.
OCT 16TH

ABC NO RIO
156 RIVINGTON STREET
(212) 254-3697

3:PM 5 BUCKS

(MATINEE PERFORMANCE)

QUEER PUNK PROUD

Rock-N-Roll Queer Bar

featuring

Pansy Division
Tribe 8
Ain't
and
Brown-Star

at

The Bottom of the Hill

Friday, June 27th
Shows Start at 9pm

1233 17th (@ Texas)
(415)621-4455

BE
THERE!

Flyer by LovePig

LYNN BREEDLOVE: Hasta donde sé, fuimos las primeras en hacer lo que hacíamos, que consistía en decir: "Somos todas bolleras, sólo se admiten bolleras en la banda y vamos a cantar sobre ser bolleras". Punto y aparte.

JODI BLEYLE: No había tantas canciones sobre... Canciones sobre el amor. Quiero decir, joder, ¿te imaginas pensar que hay un problema porque no hay suficientes canciones sobre el amor con las que te puedas identificar? Quiero decir, es una locura. Fue una verdadera desesperación. Quiero decir que yo lo sentía como una cuestión de vida o muerte. Sentía que si no encontraba algunas bolleras con las que tocar música... No cualquier música, sino música que fuera como la música que... La música que era la conexión de mi alma con el universo, ¿sabes? Si no las encontraba no podía imaginar vivir. No podía imaginarme siguiendo adelante. No podía imaginarlo. No podía imaginar cómo podría ser capaz de hacerlo. Así que era una cuestión de vida o muerte... Esto me hace llorar.

♪ *Es un tío sexy*
Me encantaría llevármelo a mi habitación
Tumbarnos relajadamente y tomar algunas setas... ♪ [24]

JON GINOLI: Parte de la razón por la que quise formar la banda fue porque nadie había salido del armario, nadie decía "soy gay y toco esta música" o "soy gay, que te jodan" o lo que fuera. Quiero decir, las únicas que sabía que estaban fuera del armario eran personas como Sylvester y Jimmy Sommerville.

TEXTO EN PANTALLA: *El homorock alcanza la mayoría de edad. Durante gran parte de su corta historia, la música del colectivo gay,*

---

24 *Hippy dude* - Pansy Division.

For much of its short history, the music of the collective gay community, both here and abroad, has been either disco, opera or classical — anything but rock and roll.

tanto aquí como en el extranjero, ha sido disco, ópera o clásica. Cualquier cosa menos rock and roll.

JODI BLEYLE: Existía la idea de que la cultura gay estaba muy limitada; por eso me sentía alienado. En la escena musical, obtenía mucha más amistad y aceptación por ser gay de la gente heterosexual. Y ser músico y estar metido en el rock 'n' roll en el ambiente gay hacía que la gente se comportara como una mierda conmigo.

JODI BLEYLE: Nos encantaba el rock. Queríamos ir a conciertos de rock donde hubiera otras personas con las que pudiéramos divertirnos y enrollarnos con ellas. Queríamos escuchar lo que tenían que decir. Así

que cuando vi tocar a Phranc por primera
vez las lágrimas simplemente empezaron
a caerme por la cara. Al principio no me
di cuenta de por qué. Lo pensé más tarde.
Me recuerdo volviendo a casa conducien-
do después del concierto. Me dije: "Creo
que nunca había visto a alguien mayor
que yo ser lo que yo podría ser". Cuando
la vida que tienes delante está tan vacía,
estás desesperada por contar tu historia
y escuchar las historias de los demás.

♪ *Porque soy una lesbiana judía*
Y ya ves que el fascismo no es anarquía ♪ [25]

---

25 *Take Off Yoir Swastika* - Phranc.

TEAM DRESC LIVE: —*¿Vosotros conocéis a Phranc, la cantante folk americana, judía y lesbiana?*
—*¡¡Sí!!*
—*Oh, bien. Esta canción es básicamente sobre mí deseando que Phranc fuese mi madre. Phranc tiene muy buenos consejos, como no quedarse pillada de chicas heterosexuales. Y también trata sobre elegir tu propia familia cuando eres gay. Porque tienes que hacerlo. Porque probablemente tu familia no te trató demasiado bien.*[26]

SILAS HOWARD: En el escenario éramos bolleras cabreadas. Era el momento de estar cabreadas, y estábamos cabreadas. Y éramos totalmente hipócritas. La mitad del tiempo cantábamos una canción sobre chicas heterosexuales que pensaban que querías acostarte con ellas y la siguiente canción era como "Oye, chico heterosexual, estoy ligando con tu novia". Se trataba de que hubiera un desequilibrio constante siempre que fuera posible.

TRIBE 8 LIVE: —*Que venga un joven heterosexual venga a chupársela a Lynnee…*
—*…además de eso, para demostrar lo punk rock que eres.*
—*Así es.*

SILAS HOWARD: Lo mejor fue conseguir que un hetero se subiera al escenario y le hiciera una mamada a Lynnee. Fue increíble y se me-

---

26 Grupo del que Jodi Bleyle era vocalista.

tieron de lleno en ello porque... Bueno, no es lo normal, no en Texas. Hacerle una mamada a Lynnee en el escenario siendo heterosexual se convirtió en una insignia de honor.

♪ *¡Buen chico!*
Los cobardes celosos intentan controlar
Más allá, vamos a ir más allá
Distorsionan lo que decimos
Más allá, vamos a ir más allá
Tratan de detener lo que hacemos
Más allá, vamos a ir más allá
Cuando no puedan hacerlo ellos mismos
Más allá, vamos a ir más allá ♪ [27]

LYNN BREEDLOVE: Nunca lo habían visto, pero tampoco estaban en contra. En realidad, lo aceptaron inmediatamente. Estaban en plan "si le dan por culo al género le están dando por culo al paradigma dominante y eso significa que es punk rock oh sí".

♪ *Nacemos con una oportunidad*
Más allá, vamos a ir más allá
Voy a tener mi oportunidad
Más allá, vamos a ir más allá
Nacemos con una oportunidad
Más allá, vamos a ir más allá
Y voy a tener mi oportunidad
Más allá, vamos a ir más allá
Estamos cansados de tu abuso
Intenta detenernos, es inútil ♪

---

27 Tanto esta como la siguiente letra pertenecen a la canción *Rise above*, de Black Flag.

MYKEL BOARD: Vale, tienes a todos esos tíos masculinos que van dando hostias por ahí y se quitan la camiseta y enseñan la polla, ASÍ QUE también tienes a esas chicas masculinas que suben al escenario y se quitan la camiseta y enseñan el coño. El homocore es exactamente eso. Jugar con la rabia homosexual para ser punk.

LYNN BREEDLOVE: La definición de punk es subvertir el paradigma dominante a través del arte y la cultura, a través de la música. Y nosotros le estábamos dando la vuelta al género, dando la vuelta a la sexualidad. Simplemente cogíamos lo que estábamos haciendo y cantábamos sobre ello.

VAGINAL DAVIS: Oh dios mío, oh dios mío ... Sólo tengo que presentarlos. Oh dios mío, oh dios, oh dios - Damas y caballeros, niños y niñas, devotos de la mamada - Con todos ustedes, los increíbles y magníficos Team Dresch.

JODY BLEYLE: Era muy sencillo, nos limitábamos a decir lo que necesitábamos oír. Nos limitábamos a hacer lo que queríamos ver.

♪ *Bueno, ¿qué tal lo hice? Nada bien, joder*
Pasé los últimos diez días de mi vida sin dormir ni un poco
Bueno, ¿qué tal lo hago? No lo hago, que te jodan
Pasé los últimos diez días de mi vida buscándote ♪ [28]

---

28 *Fagetarian & Dike* - Team Dresch.

♪ Comprando un dildo
Es muy difícil escoger...
Extra largo extra fuerte
extra ancho... ♪ [29]

JON GINOLI: Faltaba algo de lo que no se estaba hablando. Faltaba franqueza en lo concerniente al aspecto sexual. Nosotros éramos francos. Para mí era una forma muy divertida de decir "que os jodan" a los votantes de derecha, que sólo querían que nos fuésemos, y también a los gays asimilacionistas, que sólo querían que fuésemos amables y educados. Y mi experiencia en ACT UP me enseñó: "No, no transijáis, no os comportéis, llevad las cosas al límite".

♪ Los besos desinteresados no conseguirán mi afecto
Como besar a alguien con una infección de garganta
Cuando besas con entusiasmo
Vas camino de un orgasmo intenso ♪ [30]

LYNN BREEDLOVE: Era algo nuevo, estábamos en la ruptura de la tercera ola. Era como: "Estamos haciendo algo diferente. No somos lesbianas, somos tortilleras". Quiero decir que básicamente las lesbianas estaban molestas con nosotras, del estilo: "Estáis pisoteando todo el trabajo que hemos hecho. Estáis pajeando pollas de goma, haciendo

---

29 *New Pleasures* - Pansy Division.

30 *Kissed* - Pansy Division.

mamadas, hablando de boinking y fisting".
En fin, ya sabes, éramos lo contrario de lo
que habían estado haciendo. Y nos burlá-
bamos de ellas: "Jaja, Birkenstock Bitch,
qué coño importa". Pero, por supuesto, al
mismo tiempo admirábamos todo lo que
habían hecho. Leíamos todo lo que habían
escrito y teníamos sus libros en nuestras
estanterías, y estudiábamos muy cuidado-
samente todo lo que habían dicho. Y luego
empezamos a construir sobre eso, y diji-
mos: "Ok, ¿cómo es que esto y esto otro ya
no funciona? Vamos a coger estas cosas y
luego vamos a, ya sabes, crear el siguiente
nivel. Somos radicales del sexo. Estamos a
cargo de nuestros cuerpos, de eso trata el
feminismo. ¿Eso es lo que estás diciendo?
Si es así, genial. Entonces voy correr con
las tetas al aire, diciendo: Debería poder
conseguir sexo oral, debería poder follar
con una polla de goma, debería poder hacer
todas esas cosas porque es mi cuerpo, ¿no?
Y lo que sea que decida añadirle, ya sabes,
se convierte en mi cuerpo. Estoy al mando,
¿verdad? Eso es lo que dijiste, mamá".

TRIBE 8 LIVE: —*¿Cuántos maricas hay aquí? Así*
que tienes padres heterosexuales y te vuelves
marica...
—*¡Malditos pervertidos!*
—*Vamos a ver si está bien que los maricas*
críen a estos niños porque puede resultar
que entonces se vuelvan jodidamente hete-

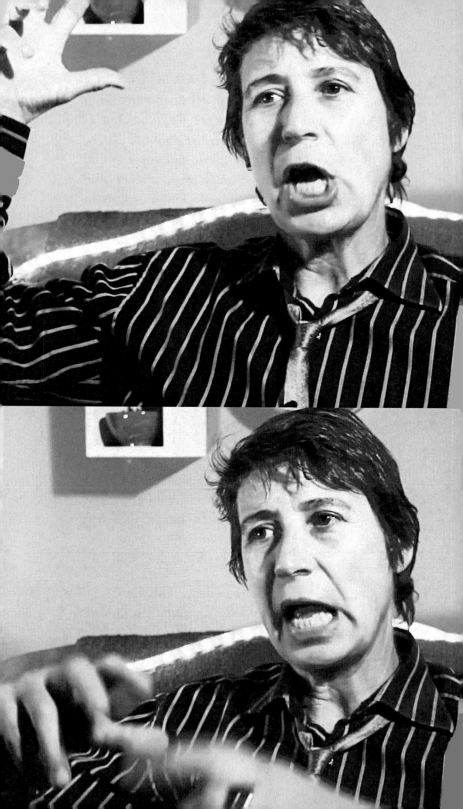

rosexuales, ¡como la mayoría del puto puto puto puto puto mundo heterosexual!

LYNN BREEDLOVE: Cuando teníamos el micro, teníamos el poder: "Mirad a este tío dándole codazos en la cara a las chicas. Eso no está bien, tío. No deberías hacer eso". Y las bolleras saltaban y le daban una paliza y lo mandaban a la calle.

BIKINI KILL LIVE: *Oh dios mío, ¿habéis oído lo que ha dicho? Ha dicho que "no importa de qué género seas". Supongo que el hecho de que la mayoría de las mujeres en esta sala cobren mucho menos que los hombres por el mismo trabajo no importa, ¿verdad? El género no*

importa. Quiero decir que el hecho de que una de cada cuatro mujeres sea violada o que exista la violencia doméstica o que las mujeres sean asesinadas en serie o que no haya muchas mujeres en... "Oh, lo he oído, lo he oído, lo he oído...". ¡Pues a mí me importa! Me importa y soy yo quien tiene el micrófono, no tú. Y también hay un cartel que dice "las mujeres deben estar delante y los hombres detrás", y tú debes respetar eso.

LARRY LIVERMORE: El homocore fue para el punk lo que la liberación gay fue para el movimiento hippie, y del mismo modo por aquella época surgió el *Riot Grrrl*, que fue una especie de movimiento de liberación femenina en la escena punk.

BIKINI KILL LIVE: —*Algunas putas tontas, algunas putas al azar caminando por la calle. Lo pedían y luego lo rechazaban pero es verdad.*
—*¡Y una mierda!*
—*Esta canción está dedicada a él: ¡Chúpame la izquierda!*

LARRY LIVERMORE: *Riot Grrrl* lo expresó en términos simples, como "ya no voy a sostener tu chaqueta de cuero en la parte de atrás del meollo, ¿sabes? Voy a estar en el meollo y voy a hacer que el meollo sea un lugar seguro para la gente de mi tamaño y para toda la gente de todos los tamaños". *Riot Grrrl* y homocore/queercore surgen de la misma energía.

RIOT GRRRL IS NOT DEAD

BIKINI KILL

A COLOR AND ACTIVITY BOOK

The Official Kathleen Hanna Newsletter

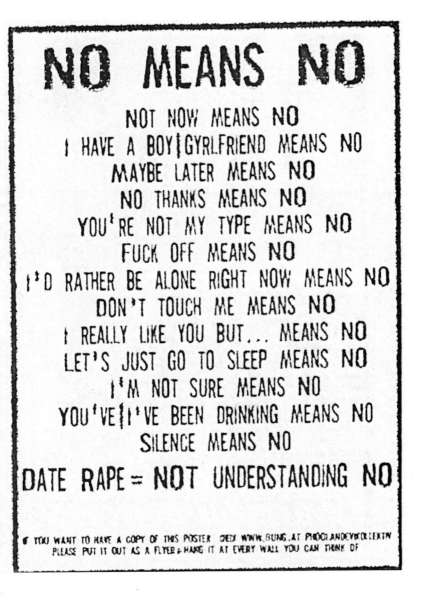

NO MEANS NO

NOT NOW MEANS NO
I HAVE A BOY‡GYRLFRIEND MEANS NO
MAYBE LATER MEANS NO
NO THANKS MEANS NO
YOU'RE NOT MY TYPE MEANS NO
FUCK OFF MEANS NO
I'D RATHER BE ALONE RIGHT NOW MEANS NO
DON'T TOUCH ME MEANS NO
I REALLY LIKE YOU BUT... MEANS NO
LET'S JUST GO TO SLEEP MEANS NO
I'M NOT SURE MEANS NO
YOU'VE‡I'VE BEEN DRINKING MEANS NO
SILENCE MEANS NO

DATE RAPE = NOT UNDERSTANDING NO

IF YOU WANT TO HAVE A COPY OF THIS POSTER CHECK WWW.GUNG.AT PHOTOLANDEVBOLLEKTIV
PLEASE PUT IT OUT AS A FLYER & HANG IT AT EVERY WALL YOU CAN THINK OF

I want a revolution not just a simple solution

on't know where the revolution is anymore I don't see it anywhere.
e even forgotten what a revolution is. Maybe we take it for granted
: we are such a revolutionary bunch, but do we stand up to the test?
s guy Sartre defines a revolution as a constructive process aiming
replace an unfair existing system with a new better system. Does
: grrrl stretch to that promise? I see riot grrrl abandoned in an
:ure room set apart from other musical cultures and letting itself
marginalised further becoming more and more misunderstood.

been reading into the history of rock recently it seems that riot
l is rooted in rock misogyny. In the sixties rock emerged as a
llious response to the apparent degradation or 'feminisation' of
lar culture. Basically all this general woman hate was going on,
-ism' blamed societal ills upon the mother, women were seen as
e symbols of conformity with the whole 'wash behind your ears' and
your homework agenda'. I think it's really strange because
ewifery and motherhood were seen as these powerful positions of
ority by men when in actuality these positions held the least power
ociety were oppressive and were what women were fighting to get out
Rock therefore became this rebellious response against females,
public enemy and their song 'she watch channel zero' in which

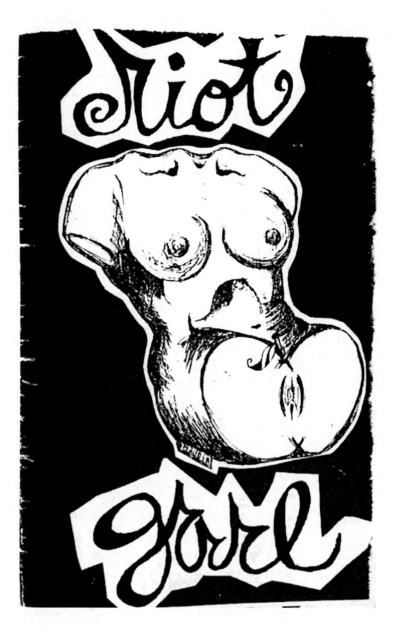

KATHLEEN HANNA: Nos inspiramos mucho en *J.D.'s* y en *Homocore*, y especialmente en *Double Bill* de G.B. Jones, que cambió mi vida porque pensé: "Puedo ser feminista y tener puto sentido del humor, puedo hablar de violación con una extraña y jodida sonrisa en la cara". No habría *Bikini Kill* sin *J.D.s* y *Homocore*. Sin G.B. Jones no tendría carrera. *Bikini Kill* empezó porque creo que nos frustró que cuando hablábamos con mujeres que pertenecían a bandas nos dijeran que no eran feministas. Y había una especie de cultura moshing que era muy anti-gay y muy anti-mujeres. Sólo ciertas personas eran invitadas a la fiesta; hombres blancos heterosexuales que querían tocarse unos a otros pero no conocían otra manera de hacerlo aparte de siendo violentos. Y contra eso reaccionaba la *Riot Grrrl*. Es como si en realidad esta fuera nuestra fiesta, no la vuestra. Es como lo que dijo Patti Smith: "Nosotros la empezamos, nos pertenece, nos apoderaremos de ella". Algo así.

KIM GORDON[31]**:** PORQUE ver nuestro trabajo como algo conectado a nuestras novias/políticas/vidas reales es esencial si queremos darnos cuenta de cómo lo que estamos haciendo impacta, refleja, perpetúa o DESTRUYE el status quo. De hecho, creo que tenía muchos modelos femeninos cuando empecé. En cierto modo, en

---

31 Integrante de Sonic Youth.

los 80 había menos mujeres. Quiero decir que era muy difícil pensar en otras mujeres en bandas.

KATHLEEN HANNA: Cuando empezamos a tocar había como dos chicas en cada concierto. Los chicos nos odiaban. Así que yo iba al tablón de anuncios, anotaba las direcciones de la gente e invitaba a todas las chicas al concierto diciendo: "Por favor, trae a tus amigas, por favor, ¡trae a tus amigas!". Y cuando haces eso formas parte de la creación de una comunidad. PORQUE nos interesa crear formas no hereditarias de ser Y ADEMÁS hacer música, amigos y escenas basadas no en la competición sino en comunicación + entendimiento.

♪ *Esa chica se cree la reina del barrio*
Ha hecho el trío más caliente de la ciudad
Esa chica lleva la cabeza bien alta
Creo que quiero ser su mejor amiga, ¡sí!
Chica rebelde chica rebelde
Creo que quiero llevarte a casa
Quiero probarme tu ropa ♪ [32]

KATHLEEN HANNA: Y más tarde, durante una de las únicas entrevistas que me hicieron en los grandes medios, para el LA Weekly, me preguntaron acerca de Riot Grrrl y justo acabábamos de tener dos reunio-

---

32 *Rebel Girl* - Bikini Kill.

nes en DC, y dije: "Oh, sí, Riot Grrrl está sucediendo por todo el país, se están haciendo reuniones en todas partes" y ese artículo salió y luego las chicas empezaron a buscar las reuniones en Minneapolis, Chicago, Los Ángeles, San Luis Obispo, en todas partes. Yo sólo había estado en unos cuantos lugares pero me puse en plan: "Sí, hay reuniones en todas partes, nosotras empezamos esto, es un auténtico fenómeno...". Y se convirtió en un fenómeno precisamente porque yo había dicho que lo era. Y recuerdo haber tenido la sensación de que eso era lo que las chicas en Toronto estaban haciendo. Que eran como cinco personas, pero hacían que pareciera muy grande desde fuera. Aquello me gustó. Me gustó que sintieran que podían hacer eso, que fueran tan perras, que pensaban que podían apoderarse de todo. Más que ninguna otra cosa, eso fue lo que me influenció.

THE YO-YO GANG: —Hola.
—Hola, Candy. ¿Te apetece hacer algo?
—Claro, ¿el qué?
—¿Quieres unirte a una banda?
—¡Sí!
—Es sólo de chicas.
—*¿De verdad?*
—*¡Sí! ¿Ok?*
—*Ok, suena genial.*
—*Oh, sí tío. Quiero follarme tu culo apretado.*
—*Eso me recuerda, chicos, que tenéis que comprar papel higiénico.*

—Los chicos no usan tanto papel higiénico como las chicas, así que no tengo que comprar nada.

—¿Qué? ¿Y qué pasa con la mierda al final de tu polla cuando estás follándote esa casita de chocolate derretido? [33]

KATHLEEN HANNA: PORQUE reconocemos que las fantasías de la Revolución Instantánea de las Armas Machistas son mentiras impracticables destinadas a mantenernos dormidas en lugar de convirtiéndonos en nuestros sueños Y POR LO TANTO buscamos crear la revolución en nuestras propias vidas cada día imaginando y creando alternativas a la asquerosa forma de hacer las cosas del capitalismo cristiano.

---

33 Dirigida por G.B. Jones.

RIOT GRRRL MANIFESTO

BECAUSE us girls crave records and books and fanzines t[...] to US feel included in and can understand in our own wa[...]

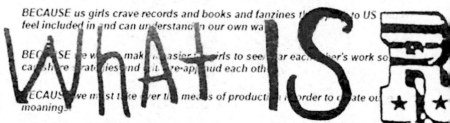

BEC[...]SE [...] make [...]asier [...]irls to see [...]ar each [...]er's work so ca[...] share [...]rate[...]ies and [...] [...]ve-ap[...]aud each oth[...]

[...]ECAUS[...] we m[...]st t[...]ke [...]er t[...] mea[...]s of producti[...] [...]order to c[...]ate ou[...] moaning[...]

BECAUSE viewing our work as being connected to our girlfriends·politics·real lives is essential if we are gonna figure out how what we are doing impacts, reflects, perpetuates, or DISRUPTS the status quo.

BECAUSE we recognize fantasies of Instant Macho Gun Revolution as impractical lies meant to keep us simply dreaming instead of becoming our dreams AND THUS seek to create revolution in our own lives every single day by envisioning and creating alternatives to the bullshit christian capitalist way of doing things.

BECAUSE we want and need to encourage and be encouraged in the face of all our own insecurities, in the face of beergutboyrock that tells us we can't play our instruments, in the face of "authorities" who say our bands/zines/etc are the worst in the US and

IS RIOT GRRRL?

BECAUSE we will ... the hierarchical
... standards ... or cool, or smart,
... out, and if
...

BECAUSE in every form of media I see us/myself
slapped, decapitated, laughed at, objectified,
raped, trivialized, pushed, ignored, stereo-
typed, kicked, scorned, molested, silenced,
invalidated, knifed, shot, choked, and killed

E I see the connectedness of all forms
ression and I believe we need to fight
ith this awareness.

BECAUSE a safe space needs to be created for
girls where we can open our eyes and reach out
to each other without being threatened by this
sexist society and our day to day bullshit.

BECAUSE we need to acknowledge that our blood
is being spilt; that right now a girl is being
raped or battered and it might be me or you or
your mom or the girl you sat next to on the
bus last Tuesday, and she might be dead by the
time you finish reading this. I am not making
this up.

BECAUSE I can't smile when my girlfriends are
dying inside. We are dying inside and we never
even touch each other; we are supposed to hate
each other.

BECAUSE I am still fucked up, I am still deal-
ing with internalized racism, sexism, classism
homophobia, etc., and I don't want to do it
alone. BECAUSE we need to talk to each other. Commun
ication/inclusion is key. We will never know
if we don't break the code of silence.

BECAUSE we girls want to create mediums that
speak to US. We are tired of boy band after
boy band, boy zine after boy zine, boy punk
after boy punk after boy.

BECAUSE I am tired of these things happening
to me; I'm not a fuck toy, I'm not a punching
bag, I'm not a joke.

not paranoid.
not manhaters.
not worrying too much.
not taking it too serious!,

BECAUSE every time we pick up a pen, or an
instrument, or get anything done, we are
creating the revolution. We ARE the revolution

Riot Grrrl
P.O. Box 553
IRVINE, CA 9
FOR MORE INFO: PLEASE SEND STAMP

♪ Me abres
las piernas
mucho
mucho ♪ [34]

KATHLEEN HANNA: Siempre he considerado que el *queercore* y el *riot grrrl* forman parte de algo más amplio: el punk rock. Parte de lo que somos consiste en cuestionarnos hasta qué punto el punk rock podría ampliarse para incluir el feminismo y la homosexualidad. Y creo que muchas veces se habla del punk rock en general como un género musical y yo siempre lo he visto como una idea. Una idea de que cualquiera puede hacer lo que quiera... Si pudiéramos crear nuestra propia cultura.

♪ Por qué moríamos
Supongo que te importa una mierda ♪

KATHLEEN HANNA: Las bandas pueden sonar diferente y seguir formando parte de lo mismo, porque no todos tenemos que gustarnos o sonar igual para ser una comunidad.

LYNN BREEDLOVE: Creo que la mayor parte de lo que teníamos en común era que nuestras letras iban mucho sobre: "Hey, que te jodan. Estamos cabreadas, este es el nuevo feminismo, así es como lo hacemos ahora. Si no te gusta, chúpame la polla."

---

34 Tanto esta como la siguiente letra pertenecen a la canción *Girl Soldier*, de Bikini Kill.

SARA MARCUS: Las bandas de *riot grrrl* y *queercore* estaban totalmente unidas y hacían giras juntas. Eran absolutamente compañeras de armas.

♪ *El amor de mujeres es tan amigable*
El amor de mujeres es como té de hierbas
El amor de las mujeres me empodera ♪ [35]

KATHLEEN HANNA: Esta es mi estrella de *Tribe 8*. Me la hizo Stacie Quijas, también conocida como Quedge, en el apartamento de Leslie Mah, y todos los demás miembros de la *Tribe 8* estaban allí. Fue uno de los mejores

---

35 *Manipulate* - Tribe 8.

momentos de mi vida. Estaba tumbada en una manta haciéndome un tatuaje con tinta china y agujas de la chica punk más guapa que había visto en mi vida. Yo era muy fan de su banda. Ver a *Tribe 8* e ir de gira con ellos fue un gran cambio en mi vida.

LYNN BREEDLOVE: Lo increíble de ser una banda queer de gira en los 90 era que estabas en una pequeña burbuja con otras personas queer. Y te sentías jodidamente agradecido de estar en esa furgoneta con más maricas porque estabas viajando a través de tierras sin cultura donde no había putos maricas. Y cuando llegabas al club, ahí estaban los putos maricas, ahí de pie, en primera fila, y podías verlos, ya sabes. Tenían el pelo de colores raros, piercings en la cara, llevaban mohawks, calzaban botas de combate. Y te quedabas como: "¡Ahí está nuestra gente, sí! ¡Ahí está!".

♪ *Sólo quiero atarla a los postes de la cama*
Y llamarle cosas sucias como perra malvada del infierno
Es un pecado, está tan mal… ♪ [36]

LYNN BREEDLOVE: E incluso cuando tocábamos con otras bandas que eran hetero nos apoyaban totalmente y nos alababan, y decían: "Sí, os respaldamos al 100%, nos encanta lo que hacéis".

---

36 *Manipulate* - Tribe 8.

♪ Fui a la escuela en Olympia.
¿Qué se hace con una revolución? ♪ [37]

PATTY SCHEMEL: Me sentí muy cómoda y segura en mi banda al salir del armario públicamente, porque sentí que lo que decían todas las bandas y lo que decía Kurt era: "Está bien ser gay. No está bien que no te guste. Simplemente hay que defender los derechos de los homosexuales". Que Kurt hiciera mucha prensa gay era importante.

KURT COBAIN: *Empecé a sentirme orgulloso de ser gay incluso aunque no lo fuera porque casi había encontrado mi identidad.*

KATHLEEN HANNA: Kurt salía con nuestro batería Toby Veil, que era la mejor amiga de Donna Dresch. Todos leíamos los mismos fanzines, así que no puedo imaginarme que nunca cogiera un *Homocore* donde apareciese Donna. Creo que por eso empezó a hacer los grafitis de "Dios es gay" por todas partes.

BRUCE LABRUCE: Porque si dios es gay, todo el maldito mundo es marica. Hizo un comentario en The Advocate sobre que le gustaban mis películas. Me emocioné mucho cuando escribió eso, fue muy guay.

---

37 *Olympia* - Hole.

SILAS HOWARD: Escribieron sobre nosotros durante un segundo muy breve.

TEXTO EN PANTALLA: *El Queercore Punk, Listo Para Enfrentarse Al Mercado.*

SILAS HOWARD: Éramos, simplemente... No podían mirarnos durante demasiado tiempo. En ese sentido, no creo que estuviéramos hechos para el horario de máxima audiencia.

SCOTT TRELEAVEN: Uno de los grandes atractivos del queercore en aquel momento era que resultaba básicamente indigesto. Lo último que quería la gente era un puñado de maricones, que sólo sabían tres acordes o menos, aporreando su guitarra para cantar sobre glo enial que era follarse a otros maricones y cosas así. O tías persiguiéndose con consoladores en el escenario para luego cortarlos con motosierras y cosas así. El capitalismo no estaba preparado para eso.

KATHLEEN HANNA: Creo que los medios de comunicación se hicieron eco de las riot grrrl porque había un montón de... La forma en que las retrataban era como chicas blancas macizas que estaban cabreadas pero seguían siendo sexys. Creo que era más potable y mucho menos gay. No creo que en aquella época los medios de comunicación estuvieran preparados para algo que fuera realmente gay. Sí podían decir que éramos bisexuales, pero sólo porque eso resultaba sexy a los hombres heterosexuales.

SARA MARCUS: Es mucho más fácil para el capitalismo utilizar un cuerpo femenino que desean los hombres, como herramienta para vender mierda, que utilizar los cuerpos de las personas queer. ¿Sabes? Jack Halberstam tiene un artículo sobre cómo todo lo que hay en el mundo puede convertirse en una herramienta del capitalismo excepto el cuerpo de una lesbiana marimacho.

♪ *No te metas con las mejores porque las mejores no se meten con nadie*
No me pongas a prueba o te pondré a descansar
No te hagas el listo, ojos de burbuja, o te reduciremos al tamaño de un cacahuete ♪ [38]

SARA MARCUS: La falta de atención de los medios... El hecho de que el *queercore* tenga, como cultura, una vida más natural y menos conflictiva... Porque no había grandes cosas contra las que tuvieras que definirte constantemente. Las personas que no confirman su género y el deseo queer generalmente operan al margen de esas cosas, lo que me parece increíble.

---

38 *Oversize ego* - Tribe 8.

Creo que es una gran posición de liberación para el arte queer, excepto cuando te liberas de que paguen decentemente por tu producto creativo. Pero ya sabes, el *queercore* estaba formado por punks que no estaban allí para conseguir un gran contrato discográfico. Puede que *Pansy Division* sí, no lo sé.

MTV NEWS: *Soy Kurt Loder y esto es MTV News. Queer punk, homocore o como quiera llamarlo. Hay una nueva generación de bandas punk orgullosamente gays que están haciendo mucho ruido. Las encabeza Pansy Division, un grupo deliciosamente pop que llamó mucho la atención después de que*

Green Day lo contratara como telonero en su gira por EE.UU. el último otoño.

JON GINOLI: Cuando los de *Green Day* llegaron al nivel de las grandes discográficas, quisieron demostrar de dónde venían, así que se llevaron de gira con ellos a todas las bandas periféricas, pero resultó que aquella fue la gira en la que se separaron.

LARRY LIVERMORE: En cierto modo, *Green Day* también se adelantó a su tiempo. Representaban a ese tipo de conciencia punk: no eran gays, pero sabían que no estaba bien meterse con alguien por ser diferente. Y creo que se sorprendieron mucho con las letras de *Pansy Division*, porque algunas de ellas eran bastante divertidas, y creo que se sorprendieron aún más al escandalizar a sus fans suburbanos, porque el año anterior el público genérico veía a *Green Day* como a cualquier otro grupo *mainstream*.

BILLIE JOE: *Simplemente creo que son una gran banda, ¿sabes? Sus canciones son muy pegadizas. Creo que, ya sabes… Hay mucho más en el punk rock que los videoclips de Green Day y The Offspring. Eso seguro.*

LARRY LIVERMORE: *Green Day* estaban en plan: "Tienen que saber que no somos como uno de esos grupos de rock *mainstream*.

Somos algo diferente y, por si lo dudan, aquí está *Pansy Division*".

JON GINOLI: Eso fue lo que más nos ayudó a popularizarnos, porque nunca habíamos esperado tocar en estadios de 15.000 localidades. Pensábamos que si venían a vernos 150 personas eso ya era mucha gente.

♪ *A menos que prefieras irte a casa y masturbarte
Sé recíproco, sé recíproco* ♪ [39]

LARRY LIVERMORE: Gran parte del público de *Pansy Division* son chicos punk hetero-

---

39 *Reciprocate* - Pansy Division.

sexuales, y eso siempre me ha descon-
certado. Tienen más fans heteros que
gays. En otros tiempos les tiraban cosas y de todo, pero *Green Day* estaba
en plan: "Mientras podáis soportarlo,
estamos orgullosos de teneros con nosotros". Y sé que *Pansy Division* ha
atesorado eso hasta el día de hoy, y que
Green Day también lo recuerda. Creo
que fue algo bastante impresionante.

G.B. JONES: *Todo el mundo es marica, ¿no te habías
dado cuenta? Todo el maldito mundo es marica, ¿es que todavía no lo sabes?* [40]

---

40 *Non Skin Off My Ass*, dirigida por Bruce LaBruce.

BRUCE LABRUCE: Hubo una especie de cruce entre la idea de un movimiento punk gay y
el tipo de radicales queer que formaban
parte de la escena gay. En cierto punto
tuvo lugar una especie de fusión.

G.B. JONES: Empecé con el nombre de "homocore",
pero comenzó a ser obvio que cierto tipo
de público masculino pensaba que sólo se
trataba de hombres gays. Así que pensé: "Oh, dios, tengo que hacer algo. Sólo
puede ser interesante y valioso si incluye
a todo el mundo, así que si tenemos que
cambiar el nombre lo haremos".

JON GINOLI: Desde 1991 hasta más o menos 1995, que también fue la época de *riot grrrl*, hubo un número muy limitado de grupos, pero luego se produjo una explosión.

♪ *Los punks travestis harán que Jayne County se corra*
Soy adicta al orgasmo y canto con Pete Shelley
Adoro a los capullos como Gary Floyd
Quiero galletas de los Big Boys que llaman a mi puerta
¡Para ti! ¡Para ti!
¡La maricona canta esta canción para ti!
¡Méteme en un foso con Mike Bullshit, vamos!
Quiero a los chicos de Warpath colgados en nuestros conciertos
Nikki Parasite puede cantar un mix para mí... ♪ [41]

---

41 *The Ode* - Limp Wrist.

NARRADOR: A mediados de los noventa, miles de personas pertenecían al movimiento internacional. Cambiaron el nombre de *Homocore* a *Queercore*. La banda *Extra Fancy* firmó un contrato con una gran discográfica que abandonó pocos meses después, cuando los medios publicaron que el cantante Brian Grillo era seropositivo. Las tiendas de discos tenían una sección *Queercore* en constante expansión. Algunos músicos intentaron reivindicar el triángulo rosa. Las bandas no tenían un sonido unificador, pero sí compartían una fuerte visión política. Lo que había surgido era quizá algo que GB Jones, Bruce LaBruce, Tom y Deke no habían pretendido. La primera generación estaba lista para seguir adelante. En la cima de su popularidad, Bruce escribió: "El queercore está muerto, nuestro hijo está muerto. Yo lo maté. Las ideologías utópicas incubadas en fríos sótanos durante largas noches solitarias nunca resisten la luz del día". Pero ni al público ni a las bandas les importó. Seguían tocando y el mensaje sonaba bien alto.

EN EL SET DE "PIERROT LUNAIRE": —¡Acción! —Exactamente, ahora entras, discutimos y en cierto punto te acercas con la mano, ¿ok? Así, y entonces te enfadas y te subes a la mesa para tocar una polla - tú, cerdo. Una y otra vez...[42]

---

42 Dirigida por Bruce LaBruce.

BRUCE LABRUCE: Siempre he sentido la pulsión del cine. Cuando empecé *queercore* hice películas *queercore* y aún sigo haciendo películas *queercore*. Y todavía hay mucha gente guay haciendo música guay.

♪ *Chupándome las tetas como si me quisieras*
Diciendo todo el tiempo que me parezco a Blondie
Viendo mi lado bueno
Todo el tiempo
Como sexo en las playas
¿Qué más hay en las enseñanzas de Peaches? ¿Qué?
¿Eh? ¿Qué más?
Que le den al dolor
Que le den al dolor ♪ [43]

---

43 *Fuck The Pain Away* - Peaches.

PEACHES: Definitivamente empecé con Peaches pensando en cómo recuperar la actitud *riot grrrl* y los riffs del rock pero en un sentido renovado, con sonidos nuevos procedentes de la electrónica y cosas así. Pero me entristecía mucho la cultura *riot grrrl*, porque se convirtió en un revuelo mediático y luego, por supuesto, murió en el sentido mediático y luego se convirtió en las *Spice Girls*.

♪ *No importa lo vieja, lo joven, lo enferma*
Quiero decir algo, quiero decir algo
Puedes empujarme, sin mirar abajo
Conéctalo, sin mí, no lo apagues

Estoy enloquecida, es mi nueva rabia
Estoy en crisis pero cantando en el rango medio ♪ [44]

BRUCE LABRUCE: *Peaches* y *Beth Ditto* y *The Knife*... Todas han conseguido abrirse paso en el *mainstream*, y eso es genial.

BETH DITTO: Me siento muy afortunada de formar parte de la escena queer, porque vengo de un lugar donde no había una comunidad queer. Éramos un par de chicos y yo, nada más. Mantente fuerte, encuentra a tu gente. Eso es lo que yo hice, encontré gente que era jodidamente radical y asombrosa. No puedo creer que los encontrara, que los conociera en Arkansas. Encuentra a tu gente, quédate con nuestra gente, confía en ellos y permaneced unidos.

HANNAH BLILIE: Cuando *The Gossip* empezó teníamos un sonido más rock y ahora creo que es más disco, house o soul, casi pop en cierto sentido. Pero definitivamente la idea y la identidad del punk rock siguen siendo muy importantes para nosotras. Creo que hay mucho que decir a través de la música. Y la música queer me salvó la vida cuando era adolescente, así que sé el efecto que tiene en las personas. Y cuando me encuentro con fans y me dicen que les he afectado de esa manera, es la

---

44 *I mean something* - Peaches.

mejor sensación del mundo, saber que he inspirado a alguien o le he ayudado a superar sus experiencias. Ayudar a alguien a no sentirse tan solo o estigmatizado, o ver a una persona en el ojo público siendo quien es y hablando de ello, sin avergonzarse. Llegar a un público más amplio es increíble.

LYNN BREEDLOVE: Definitivamente creo que muchos de nosotros habríamos seguido drogándonos y habríamos muerto, y nunca habríamos formado una banda si no hubiéramos tenido el apoyo de toda una comunidad. Fue super... Fue realmen-

te brillante y curativo y asombroso que eso ocurriera mientras crecíamos siendo queer y nos enamorábamos de chicas y esas cosas, y todo el mundo negaba con la cabeza. Sufres muchos daños, y como que te odias a ti misma. Por eso me drogaba y bebía, era como: "Oh, doy asco, todo el mundo piensa que soy un asco". Y ahora subo al escenario y digo: "En realidad no damos asco, somos jodidamente increíbles". Y todo el mundo responde: "Así es, lo sois". Y sí, lo somos. Es increíble ser queer. Lo cambió todo, ¿sabes?

G.B. JONES: El *queercore* fue probablemente el último movimiento cultural en el que participaron los queers. Creo que lo asombroso es que no se trataba sólo de fanzines, ni de música, sino de casi todos los medios. Y como movimiento cultural no creo que pueda rivalizar con ningún otro movimiento queer que haya existido.

JODI BLEYLE: El *queercore* fue, en realidad, un movimiento sociopolítico. Aportó mucha cultura y visibilidad a los gays, a los queers, a los freaks. Eso sin duda ayuda a toda la gente que trabaja desde lo político, en la representación política y las cuestiones de derechos civiles. Y la gente que está haciendo el trabajo técnico para hacer avanzar esas cosas necesita a los frikis de los márgenes haciendo trabajo cultural. Esos éramos nosotros, los frikis de los márgenes.

LARRY LIVERMORE: Creo que es muy tentador decir que se ha ganado la revolución y que ahora todos viven felices para siempre. Creo que es una forma peligrosa de verlo. Por un lado, se puede pensar que es estupendo, que ya no es necesario vivir en un gueto, que ya no es necesario juntarse sólo con los de tu especie, pero al mismo tiempo parece que algo se ha perdido. Lo que siento es que la gente va a tener que seguir reinventándose, y espero de verdad que la gente siga empujando y, ya sabes, desafiando. Creo que todavía queda mucho espacio para eso. No sé si alguien va a crear la versión del siglo XXI del punk queer o del *homocore*, o si es necesario o incluso posible, pero la gente tiene que seguir expandiendo los límites y explorando nuevos territorios. Eso es lo que significa ser humano.

IMÁGENES

Queercore:
cómo punkear una revolución
de Yony Leyser,
compuesto con tipos Bodoni MT y
Montserrat en créditos y portadilla,
bajo el cuidado de Dani Vera,
se terminó de imprimir,
el 14 de abril de 2023.
Ese mismo día, hace 111 años,
el Titanic se hundía en el Atlántico
mientras los músicos de su orquesta
tocaban punk.

LAUS DEO